Ela à imagem dele

Ela à imagem dele

A identidade feminina à luz do caráter de Deus

FRANCINE VERÍSSIMO WALSH

MUNDO CRISTÃO

Os textos bíblicos foram extraídos da *Nova Versão Internacional* (NVI), da Biblica, Inc., salvo indicação específica.

Edição
Daniel Faria
Revisão
Ana Luiza Ferreira
Produção
Felipe Marques
Diagramação
Gabrielli Cassetta
Capa
Jonatas Belan

CIP-Brasil. Catalogação na publicação
Sindicato Nacional dos Editores de Livros, RJ

W19e

Walsh, Francine Veríssimo
Ela à imagem Dele : a identidade feminina à luz do caráter de Deus / Francine Veríssimo Walsh. - 1. ed. - São Paulo : Mundo Cristão, 2024.
224 p.

ISBN 978-65-5988-324-0

1. Mulheres cristãs - Vida religiosa. 2. Feminilidade - Aspectos religiosos - Cristianismo. 3. Mulheres cristãs - Conduta. I. Título.

24-91613 CDD: 248.843
CDU: 27-584-055.2

Meri Gleice Rodrigues de Souza - Bibliotecária - CRB-7/6439

Categoria: Espiritualidade
1ª edição: julho de 2024

Publicado no Brasil com todos os direitos reservados por:

Editora Mundo Cristão
Rua Antônio Carlos Tacconi, 69
São Paulo, SP, Brasil
CEP 04810-020
Telefone: (11) 2127-4147
www.mundocristao.com.br

Às minhas filhas,
Vesper Elizabeth & Bianca Rose

Aquilo que nos vem à mente quando pensamos em Deus é a coisa mais importante a respeito de nós mesmos.

A. W. Tozer, *O conhecimento do Santo*

Por meio das atuais publicações cristãs você pode pensar que a coisa mais importante no mundo para qualquer cristão real ou potencial é a união da igreja, o testemunho social, o diálogo com outros cristãos e com religiões diferentes, refutar este ou aquele "ismo", desenvolver uma filosofia e uma cultura cristãs, ou qualquer outra coisa que você queira. No entanto, este nosso estudo faz a concentração nessas ideias parecer uma conspiração gigantesca no que diz respeito à falta de direção. É claro que não é isso; os assuntos são reais e devem ser tratados em seus devidos lugares. Entretanto, ao prestar atenção neles, é trágico observar que muitas pessoas hoje se desviem do que era, é, e sempre será a mais alta prioridade de todo ser humano: aprender a conhecer a Deus em Cristo. "A teu respeito diz o meu coração: Busque a minha face! A tua face, SENHOR, buscarei" (Sl 27.8). Se este livro levar algum de seus leitores a se identificar mais de perto com o salmista, ele não terá sido escrito em vão.

J. I. Packer, *O conhecimento de Deus*

SUMÁRIO

PREFÁCIO

Sempre que falo de "feminilidade bíblica" em aulas, palestras, lives e artigos, descrevo minha perplexidade com o quanto as mulheres cristãs hoje — mesmo as que têm apego à boa teologia — podem perder-se nesse assunto. Nunca houve tanta informação circulando em nosso meio, mas talvez também possamos dizer que nunca houve tanta *confusão*, seja por zelo sem discernimento, seja por medo de uma cultura secular cada vez menos afeita aos conteúdos bíblicos. Cristãs menos familiarizadas com a Escritura ou perigosamente perto do liberalismo teológico podem deixar-se levar pelo secularismo, desistindo de buscar respostas bíblicas para suas questões, e tenderão a aprovar algumas ou todas as ênfases de um feminismo mais radical: pouco apreço pelo casamento e pela maternidade, forte conexão entre autoestima e realização profissional, desprezo pelas irmãs que optam pelo trabalho exclusivo no lar, sexo livre como fonte de prazer fora dos limites conjugais, aprovação do aborto, apoio à fluidez de gênero.

Por outro lado, as cristãs mais preocupadas em conhecer a Bíblia e obedecer à vontade de Deus podem ser tentadas às respostas rápidas e fáceis que "têm aparência de sabedoria, como culto de si mesmo, falsa humildade e rigor ascético" (Cl 2.23, ARA). A ânsia por crescimento espiritual meteórico, escorada em motivações erradas e à parte da graça de Deus, gera problemas que não devem ser subestimados. Sobretudo na internet, mas infelizmente também em certos livros, tais problemas são inúmeros: pouca exposição bíblica que faça jus à riqueza e à profundidade dos textos; aplicações estritas e inferências que não levam em conta o que a Escritura inteira fala sobre o tema; preferência por regras simplistas que não dão conta da realidade; expressões de ódio ou desprezo, em vez de evangelismo e amor, pelas descrentes que defendem o feminismo ou a causa LGBTQIA+; adesão a um conjunto de práticas e comportamentos que não aparecem em parte alguma da Escritura, mas são recomendados como condições *sine qua non* para a caracterização da mulher cristã, como certa linguagem considerada piedosa, desvalorização da vida pública (trabalho fora de casa e estudo formal) e uma orientação ao casamento que chega a ser idolátrica, revelando baixa apreciação pela condição da mulher sozinha, embora ela seja amada por Deus independentemente da presença de marido ou do bom desempenho de funções no lar.

Francine Veríssimo Walsh está bem ciente de todo esse panorama antitético e escreve a partir de um sólido conhecimento bíblico para desfazer esses mal-entendidos. Embora este seja seu primeiro livro, não é exatamente uma autora estreante, pois escreve e oferece cursos há vários anos através de seu ministério Graça em Flor. Por isso, sentimos em seu texto a maturidade de alguém acostumada a redigir e a refletir na Palavra com maestria. Não nos conhecemos pessoalmente; moramos longe uma da outra — ela, nos Estados Unidos, e eu, no Brasil —, trocamos zaps por escrito e em áudio, e eu a considero uma ótima interlocutora e amiga virtual. Não tenho a vivência direta de sua personalidade, de seu trato cara a cara. Ao concluir este livro, porém, após muitas leituras de um bom número de obras direcionadas às mulheres cristãs, todas traduzidas do inglês americano, posso dizer com absoluta franqueza que este exemplar que você tem em mãos faz ressaltar, em franca oposição a muitos deles, além das imprescindíveis qualidade textual e solidez bíblica, o espírito *compassivo* de sua autora — a mesma palavra que seu marido usou para descrevê-la, vejam que bênção! Que bênção e que delícia para nós, leitoras! Francine tem o cuidado de exercer o amor cristão a cada página, ao usar da firmeza necessária para expor a vontade de Deus para nós, sem jamais esquecer a doçura que torna sua linguagem cheia de empatia pelos que sofrem. Por exemplo, aborda cada assunto com vagar, prevendo não só as objeções a conceitos difíceis — como a submissão feminina —, mas sobretudo os sentimentos de dor, quando trata dos limites conjugais para o sexo e da indissolubilidade do casamento sem deixar de mencionar e compadecer-se dos irmãos e irmãs quebrados por pecados sexuais, adultério, abuso e abandono. Esse cuidado, acreditem-me, não é tão fácil de encontrar em livros para mulheres, e esta obra transborda de gentileza. Ortodoxia teológica e gentileza juntas? Sim! E que privilégio desfrutar de toda essa doçura — que pode ser verdadeiramente curativa após tantos textos de cenho franzido — em um livro escrito por uma autora brasileira!

Aqui, você vai encontrar não só as normatividades que Deus reserva às mulheres, e que devemos conhecer a fundo, mas também a denúncia das normatividades que *não são bíblicas*, mas puramente humanas. Discernir entre ambas é fundamental, já que as primeiras são obrigatórias e salutares, vindas do Senhor, enquanto as segundas são imposições que, via de regra, oprimem e abafam a diversidade criacional de Deus, por reduzirem questões complexas a um "pode/não pode" bastante simplista. Ao serem postas no lugar da normatividade bíblica, regras inventadas pela mente humana se tornam *pecado* e sua imposição, *abuso* (não há palavras mais leves para descrevê-las), pois ofendem o desígnio santo de Deus ao ter criado mulheres tão diferentes entre si para desempenhar os mais variados papéis, conforme podemos depreender da Palavra: casadas ou solteiras, profissionais ou do lar, intelectuais ou práticas, retraídas ou expansivas, sérias ou divertidas, que falam pouco ou que falam muito... todas têm seu lugar no coração de Deus e em seu reino. E nisso também consiste a criatividade e o amor de Deus! Não podemos acrescentar à Palavra sem grande prejuízo para a alma. Ainda que tenhamos boas intenções — tornar a vontade divina mais clara e aplicável —, isso deve ser feito do modo mais prudente possível, sob o risco de criarmos modelos humanos que acabam se tornando ídolos. E a idolatria sempre provoca destruição, pois imita a santidade em vez de praticá-la de fato. O culto à exterioridade nada pode contra os ídolos profundamente arraigados no coração.

Esta obra cobre uma variedade imensa de temas. Beleza, feminismo, feminilidade exclusiva (termo da autora para a reação igualmente extremista ao feminismo), ministério, submissão, trabalho, maternidade, sexualidade, abuso, identidade: cada um desses assuntos é tratado com pena leve e graciosa. Embora eu não exerça a função materna, por exemplo, o capítulo sobre a maternidade me foi um deleite: Francine entrelaça Trindade, criação divina, criação humana e encarnação de Cristo para abrir nossos olhos às maravilhas da existência. Tenho falado em palestras e redes sociais que, sem esse maravilhamento, a teologia se torna árida e pouco parecida com a vida. Como também tenho tentado fazer no Teologia & Beleza, contrariar essa aridez inclui despertar no leitor a fome por fartar-se do "brilho" que torna tudo coeso e arrebata a alma para o desejo de ser como Cristo. Pois não são poucos os momentos de brilho em *Ela à imagem dele*, esse brilho que é reflexo do entrelaçamento entre a beleza, a bondade e a verdade de nosso Senhor, fazendo-nos admirar todas as suas obras — entre as quais está o *ser mulher*.

Que você possa, leitora, ser tocada profundamente pelo Espírito de Deus ao longo da leitura deste belíssimo livro. É minha oração.

Norma Braga

Doutora em Literatura Francesa, mestre em Teologia Filosófica e fundadora do Teologia & Beleza, onde ensina e oferece consultoria de imagem para mulheres

INTRODUÇÃO À NOVA EDIÇÃO

Na introdução à primeira edição desta obra, eu contei aos meus leitores sobre a descoberta do sexo da nossa primeira filha. Para esta nova edição, nada mais apropriado do que contar-lhes a descoberta do sexo do nosso segundo bebê.

Depois de uma traumática experiência no nosso primeiro parto, por quatro anos meu marido e eu não sabíamos se queríamos ter outro filho. Mas quando o Senhor alinhou nossos corações, e um bebê planejado passou a crescer dentro de mim, por milagre da graça divina, eu tinha certeza que seria um menino. Eu não sei por que, mas estava convencida disso, e meu marido também pendia para essa predição. Ao contrário da primeira vez, não tive a paciência de esperar as vinte semanas de praxe para o exame que revelaria o sexo do nosso bebê. Desta vez, joguei minhas teorias conspiratórias pela janela e enviei uma amostra do meu sangue para um laboratório particular.

No dia em que o e-mail chegou com o resultado do exame, eu e meu marido fomos a um restaurante de comida japonesa e, com sushis à nossa frente, abrimos o e-mail com o PDF que seria azul ou rosa. Dissemos em voz alta, uma última vez, o que pensávamos que seria (um menino), e clicamos no link. Para a minha surpresa, a cor que há quatro anos fazia parte da minha vida foi que me encarou de volta na tela do celular — *rosa*. O e-mail ainda afirmava, decididamente: "O cromossomo Y **NÃO** foi detectado em sua amostra de sangue, confirmando que você está carregando uma menina". Comecei a chorar imediatamente. Não de tristeza, mas de profunda alegria. Não que eu não quisesse um menino. Mas, naquele momento, senti o Senhor sussurrar: *É sua nova menininha, Francine, seu pequeno milagre.*

Querido leitor, há quatro anos eu escrevia a obra que você tem em mãos, dedicada à minha primeira filha. Em meu escritório, em meio à pandemia, derramei meu coração sobre o que Deus me havia ensinado sobre ser mulher, na esperança de primariamente impactar minha menina algum dia. Mas eu me lembro de também imaginar as minhas conterrâneas, minhas amadas mulheres brasileiras, que a leriam, a discutiriam, e seriam, Deus assim permitindo, encorajadas, abençoadas e, quem sabe, até mesmo curadas através dela. Desde então eu tive o privilégio de conhecer algumas dessas mulheres, ouvir seus relatos e descobrir que Deus de fato tem usado este livro apesar de mim. Mas eu também fui, desde a publicação desta obra, cancelada e criticada. Disseram-me que eu não tinha o direito de dizer que a mulher é necessária para o Reino. Que isso é blasfêmia. As temáticas abordadas aqui, de defesa da mulher, parecem ser ainda mais necessárias hoje do que eram então.

Eu não tenho a pretensão de estar certa sobre tudo o que disse nestas páginas. Mas de uma coisa eu tenho certeza: a mulher é, sim, feita à imagem de Deus. E isso é mais que um conceito teológico, é uma permissão divina para que ela viva ao máximo seu chamado.

Quando você receber este livro, Deus assim permitindo, eu terei em meus braços minhas duas meninas, Vesper e Bianca, minhas razões para continuar bravamente lutando pelo direito da mulher cristã de ser *mais* do que muitos a tem permitido ser. Não mais do que o homem, mas em pé de igualdade com ele em valor, sendo sua aliada necessária na causa de Cristo.

Que Deus assim me mantenha — corajosa nele, por ele e para ele. E que ele faça o mesmo por você.

Em Cristo,
Sua amiga e serva,

FRANCINE VERÍSSIMO WALSH
Minnesota, 2024

INTRODUÇÃO À PRIMEIRA EDIÇÃO

Lembro-me de contar os dias para o ultrassom que revelaria o sexo de nosso bebê. Tivemos de esperar as vinte semanas de gestação — como é a praxe aqui nos Estados Unidos, onde moro com meu marido. Poderíamos ter feito o exame de sangue que revela o sexo com apenas algumas semanas gestacionais, mas o preço nos fez esperar. Além disso, quase compramos um teste pela internet, mas a prudência falou mais alto que a curiosidade. Enviar nosso DNA a uma empresa privada? Você pode me chamar de conspiracionista, mas achei que seria uma péssima ideia.

Entramos numa sala escura, e a técnica de ultrassom foi logo nos avisando, bem no início do exame: "Em geral, só procuro o sexo no final de tudo". Eu nem sabia que havia tantos ossos a medir e órgãos a avaliar em um exame de ultrassom. Vinte minutos se passaram e, por fim, ela declarou: "Muito bem, vamos ver o sexo! Vocês têm preferência?".

Posso ser bastante sincera? Sim, nós tínhamos preferência. Por algum motivo que realmente não sei explicar, queríamos uma menina, tanto eu como meu marido. Eu achava interessante o fato de Beau desejar ter uma filha, pois me parece bastante comum que os maridos queiram um menino, especialmente na primeira gestação. E, para Beau, isso deveria ser uma expectativa ainda maior, pois ele carrega um nome de família: William V. (Como os pais dele foram de *William* para *Beau*, essa é uma conversa que podemos ter algum dia, pessoalmente.) De fato, não. Beau não queria necessariamente o William VI; ele queria uma menina.

Pois bem, ali estávamos nós, aguardando ansiosamente a revelação do sexo de nosso bebê. Então, a moça fez a seguinte pergunta: "Vocês já têm nomes escolhidos?". Dissemos a ela que tínhamos uma lista para meninas, mas que, na hipótese de ser um menino, já estava decidido que seria um nome de família. Ela, então, nos "enrolou" mais um pouco — Beau com as mãos na boca, eu apertando os olhos para ver se conseguia visualizar, naquela imagem de ultrassom, alguma pista. Alguns minutos depois, ela declarou: "Ah, sim, é uma menina". Exatamente desse modo, sem qualquer aviso ou cerimônia.

Com a boca, consegui balbuciar: "Tem certeza?", mas, com o coração, eu já sabia — sim, é claro que seria uma menina! Parece que, desde o início da gestação, quando descobrimos que havia uma vida crescendo em mim, eu sabia que teríamos uma menina. Radiantes, saímos do hospital e fomos diretamente a uma loja de departamento, onde compramos um coelho de pelúcia cor-de-rosa. E, como se isso não fosse suficiente, compramos também um laço de cetim cor-de-rosa para amarrar no pescoço do coelho. Sabe como é... para garantir que todos compreendessem que estávamos, de fato, esperando uma menina. A nossa menina! E, por favor, não me entenda mal — nós amaríamos um menino absolutamente da mesma forma, mas é como se Deus já tivesse preparado nosso coração para a aguardada Vesper Elizabeth.

Ter uma filha me fez ver o mundo de uma forma diferente. É claro que, como mulher, sempre enxerguei o mundo através de lentes femininas. Mas, quando descobri que uma pequena mulher em formação logo estaria sob meus cuidados, e que teria a mim como seu principal modelo de feminilidade, parece que o peso de ser mulher dobrou sobre meus ombros. Subitamente, não bastava *ser* mulher; eu queria entender *o que significava* ser mulher. O que me distinguia daqueles que são homens? E o que me distinguia, como mulher, daquelas mulheres que não identificam a si mesmas como seguidoras de Jesus? Eu precisava dessas respostas porque reconhecia a responsabilidade que teria, dali em diante, em ajudar minha filha a compreender todas essas questões.

Portanto, este livro chega às suas mãos diretamente do meu coração, que se encontra cheio de perguntas e ansioso por respostas. Não considero haver encontrado todas elas. Na verdade, talvez este livro traga em si mais indagações do que respostas. E tudo bem. Meu objetivo não é lhe oferecer uma fórmula e dizer: "Veja, isso é ser uma mulher cristã!". Pelo contrário, o que realmente desejo é apontar para aquele que nos fez — e nos fez especificamente mulheres — e mostrar que ele é bom em tudo que faz. Não acho que exista uma palavra de Deus para você, outra para mim e outra ainda para Joana, uma vez que não existe um molde específico. A vontade de Deus é uma só. Mas eu, você e Joana somos diferentes, totalmente únicas, criadas por um Deus que nos fez e, em seguida, jogou a forma fora. Minha vida tem nuances, cores e aromas que a sua não tem. Minha jornada nesta terra terá buracos, esquinas e pontes que a sua não vislumbrará. Nosso alvo, na qualidade de mulheres cristãs, é o mesmo: Cristo. Nosso solo é o mesmo: sua Palavra. Mas, ainda assim, nossas jornadas serão distintas. Por isso, quando crio uma forma e a nomeio de "feminilidade bíblica", a verdade é que, muito provavelmente, eu a crio com base em minha própria jornada. Então, quando você, ou Joana (nossa amiga imaginária), tentar encaixar-se em um molde, vai doer. Seus ossos não caberão nessa forma. Você bem que tenta espremer-se aqui e ali, mas não adianta.

Não, Deus não nos deu um molde. Deus nos deu sua Palavra e se revelou no Verbo, a Palavra encarnada, Jesus Cristo. Deus quer que olhemos para ele de um modo que possamos compreender o que significa ser mulher. Quando tento compreender o ser humano — e, especificamente, o ser humano na condição de mulher — sem ir ao seu Criador, isso sempre resulta em uma definição equivocada ou reducionista. Veja bem, se eu olhar apenas para mim mesma, terei uma visão incompleta. Se eu olhar para a sociedade como um todo, terei uma visão equivocada. Mas, se eu olhar para Deus e buscar compreender quem ele se revelou ser, então serei capaz de compreender com clareza quem é essa pessoa que ele criou. E não apenas a pessoa que ele criou, mas aquela que ele disse haver criado à *sua* imagem e à *sua* semelhança.

Se a história toda começa com "no princípio, criou Deus", então seria tolice buscar respostas em qualquer outra fonte ou partir de qualquer outro lugar. "Criou Deus, pois, o homem à sua imagem", diz Gênesis 1.27, "à imagem de Deus o criou; homem e mulher, os criou" (ARA). *Imago Dei* é a expressão em latim que significa "à imagem de Deus", o que em si carrega muito peso, muito significado. Quem é esse Deus cuja imagem se reflete em nós? Creio que, ao respondermos a essa questão, teremos condições de também responder a questionamentos mais específicos sobre nós mesmas. Esta é a lógica: primeiro, o Criador; depois, a criatura. Dessa forma, neste livro buscaremos responder à pergunta "Quem sou eu, como mulher?", respondendo em primeiro lugar à pergunta "Quem é Deus?".

Espero que você compreenda que a resposta a "Quem é Deus?" exigiria escrever centenas de milhares de páginas (e, mesmo assim, todo esse material ainda não seria suficiente para abrigar o conhecimento do Santo). Há uma música que aprecio muito e que diz: "Passo minha vida buscando te conhecer e ainda estou tão longe de entender tudo que és, a grandeza do nosso Deus".[1] Nestas páginas, afirmo essa verdade. Eu jamais ousaria resumir quem é Deus em um livro, portanto não espere isso de mim. O que desejo fazer, na verdade, com esta obra que você tem em mãos, é trazer um pouco de luz àquilo que nosso Deus revelou sobre si mesmo, na esperança de levar você a amá-lo mais e apreciá-lo mais. Tenho aprendido, diuturnamente, que conhecer a Deus é amá-lo.

Quando olho para a igreja de Cristo — e, mais especificamente, para a parcela da igreja de Cristo que se encontra no Brasil —, vejo que muitos de nós têm uma noção equivocada de feminilidade. Nossa sociedade está a ponto de abolir esse termo e erradicar por completo qualquer noção de diferença entre os sexos. Mas a própria igreja, aquela que continua a afirmar e defender a criação de dois sexos únicos, também incorre em erros perigosos acerca dessa definição. É fato que temos o hábito de olhar para nós mesmas ou para a sociedade em busca de definições. Tomamos partes da Bíblia e tentamos encaixá-las em debates e defesas de ideias equivocadas que o mundo atirou em nossa direção. Mas, quando agimos dessa forma, caímos em uma

[1] "I spend my life to know / And I'm far from close to all You are / The greatness of our God." Hillsong Worship, "The Greatness of Our God", *A Beautiful Exchange* (Live) (Hillsong Music and Resources, 2010).

noção distorcida e, sinceramente, feia de feminilidade. Uma noção que não reflete a beleza de Deus.

Acredito que a raiz de nosso problema não é uma definição equivocada do que significa ser mulher (ou homem). Creio que isso seja o fruto de uma árvore com raízes mais profundas e problemáticas. Creio que a raiz de nossas dificuldades nessa área é uma definição equivocada *de Deus*. Sei que essa é uma acusação séria e incisiva, por isso quero que você saiba que me incluo na lista de culpados. Eu também já distorci o evangelho por muitos anos e criei doutrinas a partir de minha própria religiosidade hipócrita. Acredite: eu sou uma fariseia em recuperação. Mas aprendi que, quanto menos eu buscava definições e leis, e quanto mais buscava me aproximar do coração de Jesus, mais as nuances daquilo que eu tentava definir faziam sentido. Quando o apóstolo Paulo estava em Atenas, viu uma estátua que os atenienses esculpiram em homenagem "ao Deus Desconhecido". Os filósofos locais levaram Paulo até o Areópago — local em que as ideias eram pregadas — e lhe pediram para explicar essas "novas doutrinas" a respeito de Jesus. Paulo, então, os desafiou a deixarem de adorar a um deus desconhecido, uma vez que "o Deus que fez o mundo e tudo o que nele há [...] e a todos dá a vida, o fôlego e as demais coisas", esse é um Deus que faz conhecer a si mesmo, e ele "não está longe de cada um de nós" (At 17.16-34). Algumas mulheres se autodenominam cristãs, mas vivem como se adorassem a um deus desconhecido. Não o conhecem e, portanto, não o admiram adequadamente E, por não o admirarem o suficiente, não conseguem compreender sua própria essência feminina.

Então, este é meu objetivo ambicioso com o presente livro: levar você a conhecer melhor esse Deus que se faz conhecer. Eu sei que você está ansiosa para que eu responda à questão sobre o que significa ser mulher. Mas espere: sente-se aqui comigo, acalme seu coração, respire fundo e, em primeiro lugar, vamos tentar aprender mais — embora não tudo — sobre o Deus que nos fez mulheres. Prometo que, quanto mais você compreender a respeito dele, quanto mais permitir-se imergir na imensidão de seu amor, mais todo o resto fará sentido.

Venha cá, vamos conversar sobre a beleza e o privilégio de ser mulher. Acredito que temos muito a refletir juntas. Sei que todo livro é uma espécie de monólogo. Mas eu quero muito que você transforme esse monólogo em um diálogo com outras mulheres. Talvez você e eu, no futuro, nos encontremos em algum evento nesta vida, mas é provável que só nos vejamos mesmo na eternidade. No entanto, existem muitas mulheres, creio, ao seu lado, mulheres com quem você pode conversar sobre os temas aqui abordados. E encorajo você a fazer isso. Abra-se ao diálogo, arrume a mesa, ponha mais pratos e talheres, e asse mais pães de queijo. Chame suas amigas (e talvez até mesmo aquelas que ainda não são suas amigas) e converse com elas! Faça tudo isso em amor e com humildade, até mesmo com aquelas que possam discordar de você, e considere-as superiores a você mesma, da forma como o apóstolo Paulo instruiu seus irmãos filipenses a fazer (Fp 2.3).

Você notará que cada capítulo deste livro poderia ser um livro por si só. Todos os temas aqui abordados exigiriam uma discussão mais profunda que não pude desenvolver em um livro apenas. Espero que você compreenda que a proposta, aqui, é abrir a possibilidade de diálogo e trazer a feminilidade bíblica para a roda de conversa, de forma equilibrada, e não esgotar os temas em si. Creio que muitas irmãs brasileiras mais competentes se levantarão para dar continuidade a esse diálogo com novos livros — e eu oro para que isso aconteça. Desse modo, espero que você não veja cada capítulo como um reducionismo dos assuntos abordados, mas como o pontapé inicial de uma conversa que durará por toda a vida.

Por fim, meu desejo, querida leitora, meu mais profundo desejo, é que, ao final desta leitura, você ame ainda mais (ou talvez comece a amar) o Senhor Jesus Cristo, um Mestre tão amável com suas discípulas! E ele realmente é. Ah, como é!

Toda honra e toda glória sempre ao Santo Cordeiro de Deus.

Em Cristo,
sua amiga e serva,

Francine Veríssimo Walsh
Minnesota, 2022

1

DEUS DE BELEZA E A CRIAÇÃO DA MULHER

Os teus olhos verão o rei na sua formosura.

Isaías 33.17a, ARA

Ainda me lembro do que senti quando me vi diante das Cataratas do Iguaçu. Consideradas uma das sete maravilhas naturais do mundo, essas cachoeiras majestosas situam-se na fronteira entre Brasil e Argentina. Visitamos primeiro o lado brasileiro, e a vista é realmente incrível: um arco-íris corta o cenário, as cachoeiras produzem um som estrondoso e os pássaros cantam ao fundo. Parece realmente algo saído de um quadro. Mas, no dia seguinte, quando visitamos o lado argentino, eu tive um encontro com Deus. Lembro que fui caminhando lentamente até a grade de segurança, que nos impede de cair catarata abaixo. Fiquei ali parada por uns alguns minutos, apenas tentando assimilar tamanha majestade. O lado argentino não é tão delicado em beleza quanto o brasileiro, mas é incrivelmente mais forte em expressão. As cachoeiras são maiores e mais barulhentas. Fiquei olhando para elas e senti profunda reverência pelo grande, poderoso e majestoso Criador que as fez.

Você já teve essa experiência? Já se encontrou face a face com algo da natureza e lhe pareceu ver a mão que criou tamanha beleza? Por vezes, eu me vejo observando os insetos. A destreza de seus movimentos, seu tamanho diminuto, que em nada os impede de ser incríveis, os detalhes de cada cor de cada perna, de cada antena. Tudo faz sentido, tudo se encaixa em um sistema perfeito. Das majestosas Cataratas do Iguaçu à aranha no meu quintal — a natureza por inteiro reflete a perfeição daquele que a criou.

A beleza de Deus em fazer tudo do nada

Ex nihilo é uma expressão em latim que significa "do nada". Dizemos, então, que Deus criou o mundo *ex nihilo* e, em seguida, fez, da escuridão, luz; do vazio, forma; do barro, vida. Você consegue imaginar o nada? Hoje, é difícil pensarmos no que seria o completo vazio, pois tudo que conhecemos está preenchido por algo. Até mesmo o que nos parece mais vazio tem átomos que o preenchem. Mas a Bíblia nos diz que foi do nada absoluto que nosso Deus criou tudo que conhecemos, tudo que vemos e tudo que não conhecemos nem vemos.

Algumas vezes, paro e reflito: de onde Deus tirou tamanha criatividade e tantas ideias para criar essa infinidade de coisas? Apenas em relação às aves, hoje existem catalogadas cerca de nove a dez mil espécies, o que faz delas um dos grupos mais estudados, com 95% de sua diversidade global já cientificamente conhecida. Dez mil espécies somente de aves! Adicione a isso os milhares de tipos de peixes, mamíferos, insetos, crustáceos, répteis, flores, vegetais e estrelas... A natureza nos parece infinita! O autor de Hebreus falou da criação *ex nihilo* da seguinte forma: "Pela fé entendemos que o universo foi formado pela palavra de Deus, de modo que aquilo que se vê não foi feito do que é visível" (Hb 11.3). Ou seja, Deus criou o que vemos daquilo que não era possível ver, do que não existia.

Quando criamos na condição de humanos, seja uma música, um poema, uma pintura, uma torta deliciosa ou até mesmo uma nova vida por meio da gravidez, estamos apenas refletindo nosso Criador — e apenas lançamos mão do que já existe, rearranjando esse material e criando algo novo. Deus é o único que realmente pode criar *ex nihilo*. E, antes que tudo fosse criado, não havia um vazio no sentido de que nada existia, pois Deus sempre existiu na Santa Trindade: Pai, Filho e Espírito Santo. E nós cremos que as três pessoas da Trindade, juntas, criaram tudo o que existe hoje. Para nós, isso tem muito significado, pois quer dizer não apenas que Deus fez tudo, como também que tudo emana dele, ou seja, tudo tem origem nele. Desde a borboleta no meu quintal, passando pelas Cataratas do Iguaçu, até você e eu.

Tudo foi criado por Deus e vem de Deus. Como uma pessoa criativa que está sempre — ainda que de forma completamente imperfeita — tentando criar, entendo em que medida a criatividade é difícil, um verdadeiro labor de amor. São necessárias horas de contemplação, de pesquisa, de inspiração, de escrita. Imagine como foi, então, criar tudo o que existe *ex nihilo*, do nada absoluto.

A beleza de Deus na natureza

Tenho enorme admiração por autores como C. S. Lewis, J. R. R. Tolkien e J. K. Rowling. Esses escritores criaram universos inteiros a partir de sua imaginação e, quando lemos seus livros, é como se, de fato, estivéssemos em Nárnia, na Terra Média ou em Hogwarts. À medida que vamos virando as páginas de suas obras, podemos nos transportar para aqueles mundos e sair caminhando por florestas congeladas narnianas, sentir a grama molhada sob os pés no Condado e ouvir os gritos da arquibancada em uma partida de quadribol. Quando contemplamos nosso universo real, do qual esses autores tiraram inspiração para criar suas fantasias, somos capazes de compreender que servimos a um Deus abundantemente criativo, um Deus que imaginou tudo o que existe. E não somente isso; ele também foi suficientemente poderoso para trazer sua imaginação à existência — não uma existência de palavras apenas, como os autores que citei, mas uma existência material e viva, que respira.

Em sua imensa criatividade Deus esculpiu montanhas, criou cores, inventou sabores e concebeu aromas. No livro de Jó, temos o privilégio de escutar a voz do próprio Deus listando sua poderosa criação. Após permitir que Jó e seus amigos descrevessem seus pensamentos limitados e humanos acerca de sofrimento, criação e vida, ouvindo toda a tolice deles no que foi compilado posteriormente em 37 capítulos, Deus fala. E quanto poder há na frase que inicia o capítulo 38: "Então, o SENHOR respondeu a Jó do meio da tempestade"! Jó, cego por causa de seu sofrimento, viu-se no direito de questionar a soberania do Altíssimo. Deus, então, lhe diz: "Onde você estava quando lancei os alicerces da terra?" (v. 4). Deus prossegue listando sua criação, desde a limitação do mar, passando pela chuva que cai no deserto, até o saltear do gafanhoto, mostrando a Jó que aquele que tudo criou tem o direito de conduzir sua criação da maneira que melhor lhe parecer. Desde a imensidão das águas até os movimentos delicados dos insetos, tudo foi divinamente imaginado, perfeitamente esculpido e detalhadamente escolhido.

A criatividade de Deus não é admirável somente por sua perfeição, ou seja, por sua qualidade, mas também por sua variedade e quantidade. Como eu já disse, existem centenas de milhares de espécies de todo tipo de animal. Há também centenas de milhares de tipos de plantas. Imagine um campo florido — gerânios, cravos, rosas, girassóis, margaridas... Eu poderia escrever páginas e mais páginas de nomes de flores. Não lhe causa perplexidade pensar na beleza e na variedade das flores? Elas não apenas têm formatos diferentes, como também cores únicas e aromas específicos. Agora imagine, nesse mesmo campo florido, também diversos tipos de animais. Se você já assistiu ao filme *Vida de inseto*, da Pixar, sabe muito bem do que estou falando. Formigas, gafanhotos, borboletas, lagartas, pássaros, joaninhas... Novamente, páginas e mais páginas. Deus poderia ter criado apenas uma flor e povoado toda a Terra com ela, e já teria sido incrivelmente gracioso em compartilhar essa beleza conosco. Mas ele foi muito, muito além! A essência de Deus é criativa, e ele a expressou de forma maravilhosa em toda a sua criação, em nosso benefício.

Tenho amigos aqui em Minnesota que viajam horas a fio de carro, estacionam, caminham no meio da mata por muitas horas mais, escalam morros, enfrentam o sol a pino, tudo para, ao final, apreciar a vista do alto de uma montanha. Meus amigos (ao contrário de mim, que prefiro admirar a magnificência da criação da minha janela, *thank you very much*) compreendem que a beleza daquilo que somente as mãos divinas seriam capazes de esculpir vale sacrifício físico para ser apreciada de perto.

Agora há pouco, eu estava no quintal de casa com minha bebê, aproveitando os poucos dias de verão que nos restam, e uma libélula pousou bem perto de nós. Com seus olhos curiosos de apenas oito meses, minha pequena encarou o inseto por bastante tempo e depois soltou uma risadinha. Eu nunca havia reparado em uma libélula assim tão perto de mim. Você já teve esse privilégio? Seu corpo é alongado, a parte da frente ocupa apenas um terço do corpo inteiro, e a de trás, longa e fina (que eu imaginei, a princípio, ser uma espécie de rabo, mas o Google me ensinou que é a parte abdominal), ocupa o restante. Dois olhos esbugalhados e enormes ocupam a maior parte daquilo que suponho ser sua cabeça. Mas as asas... Ah, as asas! Transparentes, longas, separadas em duas partes, com pequenas divisões que as fazem parecer de vidro. É como se eu pudesse ver, enquanto encarava o pequeno ser, as mãos perfeitas que desenharam cada pequeno pedaço daquelas asas, como se estivesse criando um mosaico perfeito. Um detalhe desnecessário em um inseto tão pequeno. Uma beleza desperdiçada em um bicho insignificante. Mas não para o nosso Deus.

O Deus a quem servimos é belo em essência, e isso se reflete em *tudo* o que suas mãos criaram.

A beleza de Deus na mulher

Quando olhamos para a natureza, é fácil ver a beleza e a criatividade de Deus, mas e quando olhamos para os seres humanos, para nós mesmos? É possível que criaturas tão caídas expressem também a beleza de um Deus perfeito? Eu creio que sim.

Em Gênesis 1, encontramos um Deus Criador chamando à vida criaturas de todos os tipos. Primeiro, ele prepara o cenário para elas: cria céus, terra, vegetação, sol, lua e estrelas. Em seguida, começa a povoar esses cenários com pássaros, criaturas marinhas e criaturas terrestres. E, em relação a tudo isso, a Bíblia diz: "e Deus viu que era bom" (Gn 1.25). Mas, quando veio o sexto dia, após a criação do homem e da mulher, a Bíblia diz que "viu Deus tudo quanto fizera, e eis que era *muito* bom" (Gn 1.31, ARA, grifos meus). Não podemos ignorar essa distinção. Deus não viu sua criação como *muito* boa até que o ser humano fosse criado. E nós lemos, no verso 27, a razão para isso: "Criou Deus, pois, o homem à sua imagem, *à imagem de Deus o criou;* homem e mulher os criou" (ARA, grifos meus).

Imago Dei é o termo em latim que significa "à imagem de Deus", como já vimos. Ao longo dos cinco primeiros dias da criação, Deus fez tudo "de acordo com a sua espécie". Entretanto, nenhuma das outras criaturas carregava em si o peso e o privilégio de ser conforme a imagem do próprio Criador, exceto o homem e a mulher. É importantíssimo que observemos com cuidado o verso 27, pois o próprio Deus quis que o autor de Gênesis adicionasse "homem *e mulher* os criou" (grifos meus). Isso porque não apenas o homem foi formado à imagem do divino; a mulher também o foi.

Vamos retroceder um pouco. Gênesis 1 é como a narrativa de um panorama — nós temos uma visão do alto, por assim dizer, da criação. Um visão panorâmica, como se estivéssemos sobrevoando, de avião, a história e pudéssemos visualizar o todo. Mas, em Gênesis 2, o autor dá um *zoom* e nos mostra os detalhes dos mesmos eventos narrados em Gênesis 1. No primeiro capítulo, lemos que todos os animais receberam criações "de acordo com a sua espécie". Então, no segundo capítulo, vemos que, após criar o homem, Deus viu que não lhe havia alguém correspondente, alguém que fosse de acordo com sua espécie.

> Então, o SENHOR Deus declarou: "Não é bom que o homem esteja só; farei para ele alguém que o auxilie e lhe corresponda". Depois que formou da terra todos os animais do campo e todas as aves do céu, o SENHOR Deus os trouxe ao homem para ver como este lhes chamaria; e o nome que o homem desse a cada ser vivo, esse seria o seu nome. Assim o homem deu nomes a todos os rebanhos domésticos, às aves do céu e a todos os animais selvagens.
>
> Gênesis 2.18-20

Observe que, logo após Deus considerar que não seria bom que o homem estivesse só, ele entregou ao homem uma tarefa aparentemente aleatória: nomear os animais. Jen Wilkin, autora americana, diz que é importante que notemos esse detalhe. É como se Deus quisesse que o homem nomeasse os animais para que ele, por si só, também chegasse à percepção de que nenhum desses animais era "de acordo com a sua espécie" — e que isso não era bom. Jen diz que o homem, ao passar por todos os animais, provavelmente apontou para cada um e declarou: "Não é como eu, não é como eu, não é como eu".[2] O relato bíblico, então, conclui: "Todavia, não se encontrou para o homem alguém que o auxiliasse e lhe correspondesse" (Gn 2.20). Ao contrário dos animais que tinham seus correspondentes, ao homem faltava algo — e isso não era bom. Quanto peso há no fato de o próprio Deus haver declarado que não era bom! Se alguém que significa muito para você, cuja opinião você respeita, lhe diz que algo sobre você "não é bom", certamente você tomaria nota desse fato. O próprio Deus disse sobre Adão: "Não é bom que ele esteja só".

A beleza de Deus em criar uma mulher, e não outro homem

Deus poderia ter criado para Adão um animal que o completasse, ou até mesmo outro homem que fosse exatamente como ele. Afinal de contas, quem melhor para completar o homem do que alguém que o compreendesse por ser exatamente como ele é, certo? Bom, não é isso que vemos o Criador concluir.

> Então, o SENHOR Deus fez o homem cair em profundo sono e, enquanto este dormia, tirou-lhe uma das costelas, fechando o lugar com carne. Com a costela que havia tirado do homem, o SENHOR Deus fez uma mulher e a levou até ele.
>
> Gênesis 2.21-22

Vivemos em uma sociedade que nos diz que as diferenças entre os sexos não são intrínsecas às pessoas, mas tão somente uma questão de escolha. Com a tecnologia hoje existente, podemos nascer biologicamente mulheres, mas, a certa altura da vida, escolher nos

[2] Jen Wilkin, "Are compatibility and complementarity at odds?", 29 de março de 2016, <https://www.jenwilkin.net/blog/2016/03/are-compatibility-and-complementarity.html>.

transformar em homens. Entretanto, no plano original do Criador de todo o universo, vemos que quem completou o homem e foi capaz de fazer o próprio Deus declarar que sua criação era "muito boa" foi uma mulher.

Assim, por mais que a sociedade diga que o melhor é permitir que as pessoas se identifiquem de acordo com sua livre vontade, que sigam seus sentimentos e suas noções de identidade, observamos que o Criador dessas mesmas pessoas diz algo como: "Não, é muito bom que existam, de forma distinta, o homem e a mulher". Infelizmente, nossa sociedade falha em perceber que a verdadeira felicidade só pode vir quando existimos de acordo com o que Deus declara ser muito bom, e não de acordo com o que nossos corações pecaminosos declaram ser. A Bíblia nos diz, no livro do profeta Jeremias, que "o coração é mais enganoso que qualquer outra coisa, e sua doença é incurável" (Jr 17.9). A palavra em hebraico para *coração* não significa apenas o coração em termos de sentimento, como, em geral, entendemos hoje em dia, mas abrange também os pensamentos, motivações, ideias e desejos. Por mais que eu realmente acredite que aqueles que pregam a fluidez dos gêneros pensem que isso é o melhor, o mais justo, a expressão mais libertária para si mesmos e para as outras pessoas, creio que eles confiam em um coração enganoso e que, infelizmente, não encontrarão a liberdade que tanto almejam enquanto não olharem para os doces e amáveis olhos de Jesus e viverem de acordo com o que ele declarou ser "muito bom".

Nossas definições de qualquer coisa, inclusive dos sexos, não podem vir de outro lugar que não seja a fonte primária e criadora, o próprio Deus. E mais do que isso: nós podemos descansar em saber que o Deus que nos declara a existência de apenas dois sexos é o mesmo Deus de imensa compaixão que vemos ao longo de toda a Bíblia amando os pecadores confusos e perdidos. Quando o profeta Jonas recusou-se a mostrar misericórdia pelos ninivitas, por crer que eles não a mereciam — por serem um povo cruel —, Deus declarou: "Não hei de eu ter compaixão da grande cidade de Nínive, em que há mais de cento e vinte mil pessoas?" (Jn 4.11, ARA). Esse é o Deus que declara a existência de apenas dois sexos, o mesmo Deus que mostra, vez após vez, compaixão pelas pessoas de quem menos espera. O Criador disse, portanto, que existe diferença entre o homem e a mulher, e declarou que isso era "muito bom".

A beleza de Deus na função da mulher

A narrativa de Gênesis continua nos mostrando não somente o tipo de criatura que Deus fez para completar o homem, a mulher, como também adiciona dois termos que descrevem essa criatura, de modo a deixar bastante claro não somente quem ela é, mas também *para que* foi feita. A mulher é chamada de "auxiliadora idônea" do homem.

Em geral, quando pensamos na noção de auxiliar, servir, pensamos em alguém subordinado e inferior. Por essa razão, creio que, com frequência, imaginamos que Deus criou a mulher como inferior ao homem, como alguém secundário. Entretanto, a palavra para "auxiliadora" no texto original é *ezer*, que traz em si a conotação de auxílio e ajuda — termo usado centenas de vezes no Antigo Testamento para descrever não a mulher, mas Deus. Veja como o Criador declara ser o *ezer* de seu povo, Israel, na profecia de Oseias:[3] "Você foi destruído, ó Israel, porque está contra mim, contra o seu *ajudador* [*ezer*]" (Os 13.9, grifos e adendos meus). Deus é o *ezer*, o auxílio sem o qual Israel é destruído, sem o qual Israel não pode vencer ou sobreviver. Essa é a mesma palavra que vemos em Gênesis para descrever a função da mulher em relação ao homem. Você consegue perceber como não se trata de inferioridade ou subordinação, mas de auxílio, no sentido de que, sem a mulher, o homem não pode vencer?

Em Gênesis 1.28, vemos o que os teólogos chamam de "Mandato Cultural" — a ordenança que Deus deu ao ser humano de encher a terra e subjugá-la (ou dominá-la). Algumas vezes, olhamos para essa passagem e concluímos que esses comandos foram dados somente ao homem. No entanto, vamos olhar de novo e com bastante cuidado:

[3] Ver também Salmos 33.20.

> Criou Deus o homem à sua imagem, à imagem de Deus o criou; homem e mulher os criou. Deus os abençoou e lhes disse: "Sejam férteis e multipliquem-se! Encham e subjuguem a terra! Dominem sobre os peixes do mar, sobre as aves do céu e sobre todos os animais que se movem pela terra".
>
> Gênesis 1.27-28

Na primeira ocasião em que me dei conta do plural nesses verbos, foi como se uma nova luz iluminasse todos os meus conceitos de feminilidade. Veja bem, o texto diz que, primeiro, Deus criou homem e mulher e, em seguida, "lhes" disse: "Sejam férteis, multipliquem-se, encham e subjuguem, dominem". Perceba o plural — o comando é dado não ao homem, mas ao homem e à mulher! Isso significa que ambos os sexos são responsáveis pela multiplicação e pelo domínio na terra. Em termos de multiplicação, é fácil entendermos que a mulher é, de fato, necessária — sem ela e sem sua biologia específica, é impossível haver multiplicação da espécie humana. Mas e quanto ao domínio? Quantas vezes você ouviu que os homens devem dominar e as mulheres subordinar-se? Bom, não é isso que encontramos no relato da criação.

Por isso Deus chama a mulher de *ezer* — ela é uma auxiliadora necessária ao homem, uma ajuda sem a qual ele não pode cumprir o mandato que, ao lado dela, recebeu de Deus. A mulher não é uma auxiliadora dispensável ou opcional; é uma ajuda absolutamente necessária para que a vontade de Deus em relação aos seres humanos se cumpra sobre a terra.

O termo *ezer* também aparece em outras passagens, significando não ajuda, mas força, como podemos ver em Salmos 89.17: "Pois tu és a nossa glória e a nossa força, e pelo teu favor exaltas a nossa força". Deus é o *ezer* de seu povo não somente no sentido de ser seu auxílio, mas também de constituir sua força. Note-se que esses versos têm implicações militares: é como se Deus fosse o soldado sem o qual o exército israelita jamais seria capaz de vencer. Novamente, perceba a implicação disso no que diz respeito à mulher — ela não é uma espécie de "capacho" do homem, criada para suprir todas as suas vontades, assim como Deus não era o "capacho" de Israel. Ela é a ajuda e a força necessárias para que o homem cumpra o "Mandato Cultural".

Você consegue ver, então, a beleza do chamado que a mulher recebeu logo na criação? Ao chamá-la de "auxiliadora idônea" do homem, Deus está elevando a mulher a um papel incrivelmente necessário. Todavia, o papel da mulher não é o mesmo do homem — afinal, não é ao homem que Deus dá o título de *ezer*. Porém, a diferença entre os papéis masculino e feminino não coloca um como superior ao outro. Por vezes, quando olhamos para a criação do homem e da mulher, tendemos a focar suas diferenças, mas, em primeiro lugar, devemos focar suas similaridades — ambos foram criados por Deus, à sua imagem, e receberam o chamado para dominar a face da terra, de modo a enchê-la da glória de Deus por meio da cultura que criam. Enquanto não tivermos esses conceitos bem estabelecidos e esclarecidos em nossa mente, acabaremos por focar em demasia as distinções entre os sexos e continuaremos a criar e propagar as ideias perigosas que vemos nos dias de hoje.

Homens e mulheres são primariamente iguais, *imago Dei*, e, a partir disso, também são diferentes: a mulher é *ezer*; o homem, não. Mas, ao contrário do que vemos pregarem com frequência, o fato de ser uma auxiliadora idônea não faz da mulher um ser diminuído em relação ao homem; pelo contrário, coloca-a ao lado dele como a força e a ajuda necessárias para que se cumpra o equilíbrio da criação, em conformidade com os desígnios do Criador.

A beleza de Deus na redenção

A beleza de Deus não se reflete somente naquilo que foi criado e pode ser visto — a natureza ou a mulher —, mas em quem Deus é em essência. A beleza, assim como a justiça, é um atributo de Deus e, como tal, existe desde antes da fundação do mundo, pois é algo eterno como ele. Tudo o que Deus é constitui-se em beleza. Sua força, por exemplo, é uma bela força. É possível que alguém tenha uma força hedionda, feia, que se reflita em abuso de poder ou opressão dos mais fracos. Mas a força de Deus é bela, refletindo-se na proteção dos mais fracos e em um governo justo do universo. Assim, toda a essência de Deus está envolta em beleza.

Podemos definir beleza como aquilo que agrada aos olhos, em primeira instância, mas a verdadeira beleza consiste naquilo que agrada à alma. Quando nos vemos frente a frente com as Cataratas do Iguaçu, podemos dizer que são objetivamente belas. *Sentimos* isso em nosso íntimo. Em um mundo de relativização, é interessante notar que certas coisas criadas, especialmente em termos de natureza, ainda são aceitas como belas por todos. Por essa razão, as Cataratas do Iguaçu são consideradas uma das maravilhas naturais do mundo — há um consenso acerca de sua atratividade. Entretanto, a expressão mais perfeita de Deus — a pessoa de Jesus Cristo — foi considerada objetivamente desprovida de beleza, pelo menos no que diz respeito àquilo que os olhos contemplam.

O profeta Isaías, ao descrever o Messias que viria, disse: "Ele não tinha qualquer beleza ou majestade que nos atraísse, nada havia em sua aparência para que o desejássemos" (Is 53.2). A pessoa de Jesus Cristo não carregou em si, quando encarnou neste mundo, a beleza exterior e visível de Deus. Em seu plano perfeito, Deus escolheu que sua expressão máxima — a forma mais próxima da revelação de si mesmo que este mundo jamais receberia — não carregasse sua beleza. Por quê?

Há um conceito bem interessante na teologia denominado "inversão do reino",[4] segundo o qual a lógica do reino de Deus não segue a lógica humana. Quando esperamos que Deus faça algo, ele faz o oposto. Por exemplo, vemos isso no Antigo Testamento no fato de Deus haver escolhido Jacó, o filho mais novo de Isaque, e não Esaú, o mais velho, como seria o costume da época. A esse respeito, Paulo diz em sua carta aos romanos:

> Todavia, antes que os gêmeos nascessem ou fizessem qualquer coisa boa ou má — a fim de que o propósito de Deus conforme a eleição

[4] Ver Michelle Lee-Barnewall, "Final Thoughts: Moving Forward", in *Neither Complementarian Nor Egalitarian: A Kingdom Corrective to the Evangelical Gender Debate* (Grand Rapids, MI: Baker Academic, 2016), versão eletrônica.

permanecesse, não por obras, mas por aquele que chama —, foi dito a [Rebeca]: "O mais velho servirá ao mais novo". Como está escrito: "Amei Jacó, mas rejeitei Esaú".

Romanos 9.11-13

Nada, além da pura soberania e providência de Deus, explica a escolha do traiçoeiro Jacó. Mas Deus fez assim, e Paulo nos adverte a não tentarmos justificar ou explicar as escolhas de Deus para além do que ele mesmo escolheu revelar (Rm 9.14). No Novo Testamento, um exemplo dessa inversão está no fato de que foram algumas mulheres, e não os discípulos, que testemunharam, em primeiro lugar, a ressurreição de Jesus (Mt 28.1-10). Em uma sociedade profundamente focada no homem, em que o testemunho de uma mulher não valia nem mesmo em um tribunal, a escolha de Deus foi feita para demonstrar seu poder e provar que seus caminhos não são como os caminhos humanos (Is 55.8-9).

Essa inversão do reino se faz clara no esvaziamento do Rei Jesus de sua glória enquanto esteve encarnado. Os judeus esperavam por um Messias que viesse em poder e majestade para libertá-los, militar e politicamente, da tirania romana. Mas o Messias nasceu no meio de animais e entrou em Jerusalém montado não em um belo cavalo com uma armadura militar, mas em um jumentinho.

A beleza de Jesus não agradava aos olhos, mas é a única capaz de agradar à alma. O Filho de Deus que escolheu morrer por aqueles que o odiavam é a mais pura e completa expressão da beleza divina. Não é irônico que algo tão sangrento, macabro e cruel quanto a cruz, o pior instrumento de tortura romana, seja a mais bela visão que homem e mulher já contemplaram? Cresci cantando um hino na igreja que dizia: "Foi na cruz, foi na cruz, onde um dia eu vi meu pecado castigado em Jesus; foi ali, pela fé, que meus olhos abri, e agora eu me alegro em sua luz".[5]

[5] Ralph E. Hudson, "Cegueira e vista", trad. Henry Maxwell Wright, *Cantor Cristão*, nº 396.

Como é possível que, ao olharmos para um objeto de tortura, nos alegremos? Como é possível que, em feridas e sangue, vejamos tanta beleza? Essa é a definição da inversão do reino — Deus toma aquilo que é completamente desprovido de significado, algo que é hediondo aos olhos humanos, e o eleva ao momento mais significativo e belo da história da humanidade. Pela graça, mediante a fé, meus olhos puderam contemplar a beleza verdadeira — a *única* beleza verdadeira: o Deus de todo o universo morrendo por amor a mim.

Conclusão

Quando olhamos para a natureza ao nosso redor ou para nós mesmas, podemos ver pequenos reflexos de um Deus belo. Infelizmente, é fácil olharmos para as belas gotas cristalinas de chuva em nossa janela e exclamarmos: "Que lindo!", mas é difícil fazermos o mesmo quando nos vemos no espelho. Seja por alguma dificuldade relacionada à autoimagem, seja por uma pregação equivocada da função da mulher, olhamos para aquilo que Deus criou no sexo feminino e pensamos: "Isso não é bom". Mas não podemos fugir da verdade eternizada na Bíblia de que o mesmo Deus que criou cada floco de neve diferente do outro também criou a mulher em toda a sua glória funcional e existencial. E não se trata apenas disso; após a criação do floco de neve, Deus disse: "Isso é bom". Mas, após a criação da mulher — que, finalmente, deu ao homem uma *ezer*, alguém segundo "sua espécie", que o fez clamar apaixonadamente: "Esta, sim, é osso dos meus ossos e carne da minha carne!" —, Deus disse: "Isso é *muito* bom". A mulher não foi um personagem secundário no drama da criação; ela foi a peça final, aquela que faltava para que o Criador amoroso pudesse admirar seu trabalho e dizer: "Basta, está completo! É chegada a hora de descansar". Quanto privilégio e quanta honra ser mulher!

DEUS DE IRA E O FEMINISMO

Portanto, a ira de Deus é revelada dos céus contra
toda impiedade e injustiça dos homens que suprimem
a verdade pela injustiça.

Romanos 1.18

Nenhum movimento, para além do cristianismo, dedicou tanto tempo e tanto esforço para responder à pergunta "O que significa ser mulher?" quanto o feminismo. Iniciado no século 19 e perpetuado até os dias de hoje, o movimento feminista é definido pelo dicionário como um "movimento ideológico que preconiza a ampliação legal dos direitos civis e políticos da mulher ou a igualdade dos direitos dela em relação aos do homem".[1] Separado naquilo que muitos teóricos denominam como "ondas", o feminismo teve início com a luta do direito ao voto feminino e à educação igualitária (Primeira Onda, século 19 e início do século 20); passou pela rejeição da domesticidade, a busca por espaço para a mulher no mercado de trabalho e a defesa de sua autonomia sexual (Segunda Onda, segunda metade do século 20); e teve seu ápice no que hoje vemos na teoria *queer*[2] e de gêneros não binários,[3] na luta pelos direitos da comunidade LGBTQIA+ e em campanhas on-line que reverberam no mundo off-line, como, por exemplo, a #MeToo (Terceira Onda e, para alguns teóricos, Quarta Onda, final do século 20 e o transcorrer do século 21). Existem divergências acerca das principais temáticas

[1] Verbete "feminismo", *Dicionário Priberam da Língua Portuguesa*, 2008–2021, <https://dicionario.priberam.org/feminismo>.

[2] Teoria *queer* é uma linha de pensamento que estuda o conceito de sexualidade para além daquilo que é considerado heteronormativo.

[3] Gêneros não binários são aqueles que não se encaixam na dualidade "masculino" e "feminino".

de cada onda, e há teóricos que até mesmo recusam o termo "onda", mas eu creio que essa classificação simples nos situa, de forma geral, em relação ao movimento feminista histórico.

Se você tem menos de 40 anos, provavelmente não se lembra de um mundo sem feminismo. O movimento influenciou o mundo de tal forma que hoje o feminismo não é mais considerado *uma* linha de pensamento entre muitas, sendo aceito como *a* linha de pensamento que precisa ser acatada caso alguém deseje ser considerado intelectualmente capacitado e moralmente correto. O pensamento feminista permeia nossa sociedade de tal forma que qualquer mulher da minha idade (nascida na década de 1990) tem dificuldade para compreender ou avaliar em que medida suas ideias e concepções advêm do movimento feminista ou, de alguma forma, são ligeiramente moldadas por suas premissas. É como se nossa concepção de mundo fosse um balde de água, e o feminismo, a tinta — algumas pessoas têm um balde já quase todo de coloração preta, mas outras, mesmo sem se dar conta, têm ao menos algumas gotas de tinta que se revelam suficientes para tornar a água imprópria ao consumo, ainda que, aos seus olhos, pareça pura.

Não cabe, aqui, discorrer sobre os erros ou acertos do feminismo, ou apontar as premissas do movimento que se mostram contrárias à fé cristã. Existem muitos recursos disponíveis para tanto.[4] Entretanto, seria praticamente impossível, nos dias de hoje, escrever um livro sobre a mulher cristã sem falar de feminismo. Por isso, o objetivo, neste espaço, é ponderar se o motivo de muitos cristãos abraçarem o feminismo como algo necessário não seria, possivelmente, uma má compreensão de Deus.

Feminismo plural

Quando lemos a definição de *feminismo* (trazida no início deste capítulo), observamos que há uma grande abertura para o que significa

[4] Ver, por exemplo, Carolyn McCulley *Feminilidade radical: Fé feminina em um mundo feminista* (São José dos Campos: Fiel, 2017); Rebekah Merkle, *Eva no exílio: A restauração da feminilidade* (São Paulo: Trinitas, 2020).

realmente ser feminista. Aquilo que considero um direito da mulher talvez não corresponda exatamente àquilo que você definiria como essencial. Por isso, preciso começar nossa conversa sobre feminismo deixando claro que me oponho às caricaturas maldosas que muitos cristãos pintam das mulheres (e dos homens) feministas.

Mulheres queimando sutiãs e gritando em frente a monumentos cristãos são exceções, e não a regra no movimento feminista. Em face da abrangência dessa ideologia e das diferentes pautas sustentadas, é provável que quase todo mundo que você conhece se considere feminista, pelo menos em tese. Portanto, feminista não é uma caricatura que inventamos em nossos momentos mais preconceituosos; praticamente todas as pessoas que nos cercam, com seus multifacetados estilos de vida, consideram-se feministas. Já ouvi da boca de cristãos que "feministas são menininhas mimadas e desocupadas". Entendo que essa linguagem não apenas é ignorante (no sentido de que não condiz com a realidade), como também odiosa, em nada refletindo o caráter de Cristo que somos todos chamados a imitar.

Em sua carta aos filipenses, o apóstolo Paulo escreveu: "Seja a amabilidade de vocês conhecida *por todos*" (Fp 4.5, grifos meus). Muitos cristãos, porém, pensam que podem burlar essa regra assim que um feminista (ou esquerdista, direitista, homossexual ou qualquer um que discorde de nós) entra em cena. Não há exceção ao comando de Jesus para amar — nosso amor deve ser direcionado a todas as pessoas, sempre. E é claro que esse amor deve concretizar-se não somente no respeito ao próximo, mas também no apontar de seus erros. Vamos falar disso mais adiante.

Penso que, atualmente, a maioria das pessoas autodenominadas feministas acredita, pura e simplesmente, que a mulher é um ser de direitos. Talvez a maioria das pessoas ditas feministas tenha, de fato, lido as obras essenciais desse movimento, página por página, e assine embaixo de todas as ideias ali apresentadas. Entretanto, em interação com amigos que se autodenominam "feministas", observo que, na maioria das vezes, esse não é o caso. Quantas pessoas, até mesmo aquelas mais favoráveis ao feminismo, sabem o que se encontra no cerne teórico dessa ideologia? Quantas já leram *Reivindicação dos direitos da mulher*, de Mary Wollstonecraft, *O segundo sexo*, de Simone de Beauvoir, *A mística feminina*, de Betty Friedan, *Problemas de gênero*, de Judith Butler, ou qualquer outra obra basilar desse movimento?

É claro que boa parte da essência teórica nessas obras tornou-se de conhecimento público em conversas e diálogos cotidianos. E é claro que há uma gama de possibilidades quando alguém se declara "favorável ao direito das mulheres" — isso inclui direito ao aborto? Direito ao casamento entre pessoas do mesmo sexo? Direito à fluidez dos gêneros? Não quero ser ingênua em pensar que quem se declara feminista abraça o que eu, como cristã, considero serem direitos da mulher (o que, certamente, não inclui os exemplos citados). Mas também não quero colocar todas as pessoas que se autodenominam feministas em uma só categoria — uma categoria que representa aquilo que creio ser a pior faceta desse movimento. Precisamos ser honestos em dizer que o feminismo é muito mais plural do que muitos cristãos desejam reconhecer.

Como já dito, em relação à questão histórica, os próprios defensores do feminismo divergem quanto à quantidade de ondas no movimento, quais são as datas que as definem e quais são suas reais motivações e pautas. Isabella Passos, cristã e filósofa, afirma que "reivindicações feministas se mostraram boas, neutras ou más em diferentes épocas, sob diferentes condições e por diferentes entendimentos".[5] Por outro lado, você encontrará diversos livros de autores críticos acusando o movimento de sempre haver sido negativo e prejudicial às mulheres, e afirmando que não se extraiu nenhum benefício dele.[6] Compreendo que existem formas mais radicais de se praticar a teoria feminista, e formas práticas tão parecidas com o cristianismo que muitos até mesmo se autodenominam feministas na qualidade de cristãos, ainda que não abracem causas como aborto ou homossexualidade.

[5] Isabella Passos, "É possivel ser feminista e cristã?", *Ultimato*, 30 de agosto de 2016, <https://www.ultimato.com.br/conteudo/e-possivel-ser-feminista-crista>.

[6] Ver Ana Caroline Campagnolo, *Feminismo: perversão e subversão* (Campinas, SP: VIDE Editorial, 2019), p. 27, 33.

Quero deixar claro que não concordo com meus irmãos na fé que abraçam o feminismo teórico, mas creio que sua existência prova a condição tanto do que é feminismo de fato — aquele que está presente nas obras célebres que embasam o movimento — como daquilo que cada pessoa que se autodenomina feminista abraça de forma individual. Eu diria, então, que minhas críticas ao feminismo neste capítulo têm em vista o movimento em sua essência teórica, e não toda e qualquer manifestação prática nos dias de hoje.

A ira feminista

Recentemente, li uma obra feminista e concordei com boa parte de seu conteúdo.[7] Isso significa que eu não sou madura o suficiente, como cristã, para enxergar os erros na obra? Ou significa que eu sou feminista? Eu responderia *não* às duas perguntas. Creio que significa que, como vimos, o feminismo é plural e, algumas vezes, defende a mulher de uma forma que eu também faria. Concordo com Tammy Bruce, ex-presidente da entidade feminista National Organization for Women, que diz que o feminismo "levou adiante algumas mudanças muito importantes e necessárias, embora também tenha causado muitos danos".[8] De fato, existe opressão à mulher neste mundo caído, e o cristão que ignora isso precisa remover as lentes cor-de-rosa através das quais tem enxergado a vida.

Uma das muitas críticas que os cristãos fazem às pessoas que se identificam como feministas é que elas são muito "cheias de ira". É mesmo necessário queimar sutiãs? Ou gritar em frente a monumentos? Marchar pelas ruas? Odiar os homens? Richard L. Ganz assinala que, "quando percebemos que os homens subjugaram as mulheres por milhares de anos, deve-se indagar por que levou tanto tempo

[7] Chimamanda Ngozi Adichie, *We Should All Be Feminists* (Nova York: Vintage, 2014). [No Brasil, *Sejamos todos feministas*. São Paulo: Companhia das Letras, 2015.]
[8] Tammy Bruce, "Feminism 2.0", *Prager U*, 10 de fevereiro de 2014, <https://www.prageru.com/playlist/whats-wrong-with-feminism/>.

para o movimento feminista surgir".[9] Não podemos ignorar que o feminismo é uma resposta a um problema real, ainda que seja uma resposta que nós, cristãos, consideremos incorreta. Ao tentarem recusar o movimento feminista, muitos cristãos acabam recusando também a realidade de um dos problemas que o movimento tenta resolver: a opressão da mulher.

Mas o que define essa expressão "opressão à mulher"? Como já dissemos, há pluralidade de pensamentos e opiniões. Abusos, estupros, preconceito, falta de acesso à educação e desigualdade salarial são algumas pautas levantadas pelo feminismo que deveriam ser também levantadas pelos cristãos. Aliás, a igreja deveria ser a primeira a se apresentar na batalha contra essas mazelas. Quando o movimento #MeToo surgiu, em 2017, eu me vi em lágrimas, com o rosto vermelho de raiva, ao ler nas redes sociais relatos de estranhas, amigas e familiares sobreviventes de assédio e abuso sexual. Sempre que vejo notícias de meninas estupradas diariamente, vítimas da indústria do tráfico e da escravidão sexual, algumas delas crianças de menos de seis anos de idade, sinto minhas entranhas se retorcerem em ódio profundo. Creio que o mesmo sentimento acometa qualquer pessoa que passe um minuto sequer de sua vida imaginando os horrores com que essas meninas têm de conviver diariamente. Como seres humanos feitos à imagem de Deus, como vimos no capítulo anterior, experimentamos o ódio ao pecado porque Deus odeia o pecado, e nós apenas refletimos, de forma falha e finita, a ira santa e infinita do Criador.

A ira de Deus

Algumas pessoas encontram dificuldade para conciliar a ideia de ira com o conceito de Deus. Afinal de contas, a Bíblia não nos mostra um Deus de amor e perdão? Na verdade, a Bíblia é bastante

[9] Richard L. Ganz, *20 Controversies That Almost Killed a Church* (Phillipsburg, NJ: P&R Publishing, 2003), p. 155.

clara, tanto no Antigo como no Novo Testamento, no sentido de que é justamente por causa do amor a sua própria glória e santidade que Deus demonstra sua ira sobre o pecado, tanto no presente como no futuro (Êx 32.10; Nm 11.1; Ef 5.6; 1Ts 1.10). A ira de Deus, ao contrário da ira humana, não é apenas um sentimento momentâneo e pontual de fúria, mas uma eterna oposição a tudo que é mal e impiedoso. A ira, assim como o amor e a graça, faz parte da essência de quem Deus é e compõe seu caráter. Deus não pode ser Deus sem sua santa ira.

Quando penso em minha filha e imagino qualquer cenário hipotético em que ela venha a ser oprimida, meu sangue começa a ferver. É natural que eu, como mãe, queira proteger minha menina de todo e qualquer perigo do mundo. Se eu, que sou imperfeita, me sinto assim, quão mais natural e esperado é que Deus, perfeito Criador de todo ser humano, ire-se ao ver suas criaturas sendo oprimidas pelo pecado! Quando uma mulher é estuprada, a ira de Deus queima sobre essa violência. Quando uma mulher é diminuída por ser mulher, a ira de Deus queima sobre essa injustiça. Quando uma mulher é assassinada ao nascer (ou ainda no ventre), a ira de Deus queima sobre essa crueldade. Podemos ver isso com muita clareza na pessoa de Jesus Cristo — Deus é um ser profundamente maior do que nossa mente humana consegue compreender, mas ele escolheu revelar-se a nós em sua Santa Palavra e, de forma ainda mais perfeita, na encarnação do Verbo, Jesus Cristo. Quando o Filho caminhou por esta terra, deu-nos o privilégio de ver Deus em sua essência agindo, caminhando, falando e vivendo. Ainda que Jesus se tenha esvaziado de sua glória divina (Fp 2.5-11), manteve sua natureza divina e, portanto, se quisermos compreender como Deus se sente em relação à mulher e à sua proteção, não precisamos ir além do relato da vida de Cristo.

Jesus e as mulheres

Jesus, enquanto viveu seu ministério terreno, chamou doze discípulos homens para estarem com ele de forma mais íntima. Entretanto, foi a uma mulher que ele escolheu revelar-se como o Messias prometido (Jo 4.1-26). E isso não se passou com qualquer mulher, mas com uma mulher adúltera e inimiga de seu povo. A mulher samaritana, como ficou conhecida, provavelmente recebia julgamento da sociedade ao seu redor por causa de sua vida imoral, o que podemos inferir do relato bíblico pelo fato de ela estar buscando água do poço no meio do dia, quando o movimento era menor, e não nas primeiras horas do dia, como as mulheres tinham o costume de fazer. Mas Jesus não se posicionou junto aos opressores dessa mulher, junto àqueles que a julgavam. Pelo contrário, o Mestre mostrou-se cheio de misericórdia e amor, conversando com ela, dando-lhe esperança eterna, oferecendo-lhe a água da vida, ou seja, a si mesmo.

Em outra ocasião, dessa vez em um templo, Jesus foi diretamente questionado sobre seu posicionamento em relação a outra mulher imoral. Os mestres da lei e os fariseus trouxeram ao Mestre uma mulher que fora surpreendida em adultério, relembrando-o de que a lei de Moisés ordenava que ela fosse apedrejada. "E o senhor, o que diz?", indagaram os hipócritas religiosos, colocando Jesus "contra a parede" e acrescentando diretamente: "Bom, a lei diz que ela deve morrer. E você? Vai ficar ao nosso lado?".

É importante notarmos que a lei de Moisés também dizia que o homem, assim como a mulher, deveria ser apedrejado em caso de adultério (Dt 22.22), mas nós vemos aqui que somente a mulher é arrastada aos pés de Jesus para morrer. Se ela fora "surpreendida em adultério" ou, em outras palavras, "flagrada no ato", era de se esperar que o homem também estivesse presente, não? Não temos como saber se o homem fugiu antes de os fariseus conseguirem contê-lo, ou se a distorção da lei havia chegado a tal ponto naquela sociedade que o homem saíra livre, enquanto a mulher fora arrastada à morte. Mas o que sabemos, nessa situação, é que Jesus foi instado a se posicionar entre religiosos cruéis e uma mulher imoral. E o que ele escolheu fazer? O Messias protegeu a mulher da hipocrisia religiosa.

> Visto que continuavam a interrogá-lo, ele se levantou e lhes disse: "Se algum de vocês estiver sem pecado, seja o primeiro a atirar pedra nela". Inclinou-se novamente e continuou escrevendo no chão.
>
> Os que o ouviram foram saindo, um de cada vez, começando pelos mais velhos. Jesus ficou só, com a mulher em pé diante dele. Então Jesus pôs-se em pé e perguntou-lhe: "Mulher, onde estão eles? Ninguém a condenou?"
>
> "Ninguém, Senhor", disse ela.
>
> Declarou Jesus: "Eu também não a condeno. Agora vá e abandone sua vida de pecado".
>
> João 8.7-11

Jesus disse, com todas as letras, "Eu não a condeno". O que isso significa? Jesus acaso estaria dizendo que a lei não importava, a mesma lei que ele próprio, como Deus, havia estabelecido? Por vezes, pensamos que o Deus do Antigo Testamento é diferente do Deus Jesus Cristo. A lei de Moisés nos parece injusta em relação às mulheres e, então, quando Jesus é misericordioso com elas, como nessa passagem, pensamos que o coração do Filho é, de alguma forma, diferente do coração do Pai (como se o Pai tivesse estabelecido a lei sozinho). Entretanto, o próprio Jesus disse: "Quem me vê, vê o Pai" (Jo 14.9). Não há dois deuses — o Deus da lei é o mesmo Deus dos Evangelhos. Jesus não estava dizendo que a lei não deveria ser cumprida, mas tão somente demonstrando o que ele mesmo dissera em seu famoso Sermão do Monte: "Não pensem que vim abolir a Lei ou os Profetas; não vim abolir, mas cumprir" (Mt 5.17). A lei foi dada a Israel para que eles compreendessem que Deus é perfeito e santo, e que, para alguém entrar em sua presença, deve haver perfeição e santidade. Por isso o sacerdote, o representante religioso do povo, precisava purificar-se intensamente antes de entrar no Santo dos Santos uma vez ao ano (Lv 16). Entretanto, quem de nós é perfeito? Aquela mulher prestes a ser apedrejada certamente não era; eu certamente não sou. É justamente por isso que Jesus diz: "*Eu* vim para cumprir". Ele é o único Cordeiro Perfeito que poderia ser sacrificado de maneira a pagar, de uma vez por todas, por nossos pecados.

Por essa razão, Jesus não condenou a mulher que havia quebrado a lei de Deus — porque ele mesmo paga pelos pecados dos arrependidos. A ira de Deus sobre o pecado não foi diminuída nessa interação de Jesus com a mulher adúltera; essa ira foi redirecionada à pessoa de Cristo, o único capaz de, verdadeiramente, recebê-la. O justo pelos injustos, o inocente pelos culpados. O Filho bebeu o cálice da ira de Deus para que nós não precisássemos bebê-lo (Mt 20.22). Observe que, após esse episódio, os fariseus dão início a uma perseguição mais acirrada de Cristo. E nós ficamos sem saber o que aconteceu com a mulher. Teria ela se arrependido? Teria mudado de vida? Na verdade, nada disso importa. O foco dessa passagem é que Cristo tomou sobre si toda a ira dos hipócritas religiosos, enquanto a mulher adúltera saiu ilesa — uma sombra do sacrifício final que o Filho faria.

Jesus nos deixa claro o amor de Deus pelas mulheres. Ele as perdoou e protegeu (Jo 8.1-11), engajou-se com elas em conversas teológicas (11.17-32), curou-as (Mt 9.18-26) e escolheu aparecer em primeiro lugar a elas após sua ressurreição (Mc 16.9). Dessa forma, quando aqueles que se autodenominam cristãos não imitam Cristo em amor e proteção às mulheres, tornam-se hipócritas em relação ao Mestre que afirmam adorar. E digo mais: estão em pecado.

Quando alguns cristãos criticam as feministas a ponto de dizer que estão erradas em absolutamente tudo, devem, antes de qualquer coisa, notar a trave em seus próprios olhos (Lc 6.42) e fazer uma autorreflexão. Eles estão tomando o lado das mulheres que vivenciam situações de violência e opressão, como deveriam fazer? Ou estão apenas criticando a resposta que o feminismo dá ao problema da opressão, sem dar uma resposta melhor a esse mesmo problema? Jesus é a única resposta ao problema da opressão *humana* (ou seja, do homem e da mulher). Alguns defensores do feminismo consideram que o problema da mulher é o homem — e estão errados. O problema de ambos, homem e mulher, é o pecado que carregam em si mesmos. Enquanto não aceitarmos essa verdade, continuaremos apontando o dedo a outras pessoas e acusando-as de ser a verdadeira razão de nossos problemas. Mas o problema de todos nós é o mesmo (o pecado), e a solução também é a mesma (Cristo Jesus).

Como já dito, quando reconhecemos que o problema humano é o pecado, não podemos ignorar o fato de que esse pecado se externaliza, muitas vezes, na opressão dos homens sobre as mulheres. Sempre? Não. Há opressão de mulheres sobre homens? Certamente. Entretanto, fechar os olhos a todas as acusações contra os homens, dizendo que representam "mais um grito de uma *feminazi* mimada", é um comportamento cruel e ignorante. Precisamos encaminhar homens e mulheres oprimidos para Jesus e mostrar a eles onde nós, como cristãos, encontramos a cura para nossas próprias mazelas, na esperança de que eles também encontrem, ali, a sua cura. E devemos fazer isso ao mesmo tempo que lutamos, de forma prática, pela proteção e o bem-estar desses homens e dessas mulheres a quem queremos evangelizar. Jamais diríamos a alguém que está morrendo de fome que "Jesus é o pão", sem, de fato, oferecer-lhe pão físico (ao menos não deveríamos!). Da mesma forma, não podemos somente gritar aos defensores do feminismo: "Jesus é a única resposta aos seus problemas", sem lhes oferecer políticas públicas para sua proteção e sem, de fato, ouvir suas denúncias. Lembremos que Jesus louvou o homem samaritano que auxiliou o judeu ferido na estrada porque o amou na prática. Façamos o mesmo.

Feminismo cristão

Falamos sobre os pontos para os quais o feminismo e o cristianismo convergem: a defesa e a proteção das mulheres. O feminismo fica irado diante da injustiça cometida contra a mulher, e Deus também fica irado diante da injustiça cometida contra a mulher. Mas e os pontos em que divergem? Como eu já disse, não sou ingênua de pensar que o feminismo é uma ideologia que deva ser abraçada pelos cristãos. Certa vez, ouvi que, quando não temos uma boa teologia, abraçamos qualquer ideologia. Com frequência, isso tem acontecido com os cristãos que abraçam o feminismo, por não saberem o suficiente de Deus e não enxergarem que ele é mais do que suficiente para defender e proteger as mulheres, e que servir a ele é o bastante para nos posicionarmos a favor delas.

Assim como no movimento secular, o chamado feminismo cristão também existe de forma plural. Por um lado, temos os cristãos que defendem o que já apresentamos aqui como pautas válidas; por outro, encontramos cristãos que defendem pautas que não convergem com o cristianismo, como o aborto, as recentes teorias de gênero e o ódio indiscriminado por todos os homens. Para além disso, existe também uma linha de pensamento ainda mais radical do feminismo cristão cuja proposta é repensar a narrativa bíblica e questionar se traduz opressão contra a mulher. Para os adeptos desse pensamento, as doutrinas sobre o pecado ou a Trindade (Deus Pai, Deus Filho e Deus Espírito), por exemplo, são conceitos que privilegiam os homens em detrimento das mulheres, razão pela qual devem ser desconstruídos. Assim, para eles, repensar a Bíblia como um todo se faz necessário, uma vez que ela foi escrita por homens, levando em consideração apenas uma perspectiva masculina e opressora.

Certamente esse tipo de feminismo se opõe de forma clara a Deus e à sua Santa Palavra, que é inteiramente inspirada e inerrante (2Tm 3.15-17). Mas, para além de radicalismos, existe um tipo de feminismo que pode atrelar-se ao cristianismo? Creio que não. Creio que, se sentimos a necessidade de nos autodenominar feministas para defender a mulher de injustiças, é porque ainda não compreendemos que Deus e sua Santa Lei são inteiramente suficientes para realizar essa tarefa. Ainda que exista uma diversidade de pensamentos no movimento feminista, e muitos queiram posicionar-se a seu favor apenas nos pontos que lhes convêm como cristãos, não podemos negar que há uma teoria feminista encontrada nas obras fundamentais do movimento e que se opõe àquilo que Deus disse sobre a mulher. É impossível abraçar o feminismo verdadeiro, de forma intelectualmente honesta, sem abraçar a defesa do "meu corpo, minhas regras" e, em consequência, do aborto. Da mesma forma, é impossível posicionar-se como feminista e não defender o "direito" das mulheres a se identificar como homens, se assim desejarem fazer. É impossível ser feminista sem se mostrar contrário ao conceito bíblico de submissão dentro do casamento ou de ordenação exclusiva masculina (temas que vamos expor em maiores detalhes em outros capítulos). Portanto, é levando em consideração a teoria feminista em sua essência que podemos afirmar que os cristãos não deveriam identificar-se como feministas.

Criadas para mais

Betty Friedan, em sua obra *A mística feminina*, que foi um dos grandes catalisadores da Segunda Onda do Feminismo, chegou à conclusão de que a mulher estava sendo impedida pela sociedade de ser tudo o que poderia ser, de viver sua vida da forma como quisesse, com base apenas em si mesma, e não nos prazeres e necessidades dos homens. A obra foi publicada pela primeira vez em 1963, época em que a sociedade norte-americana vivenciava um crescimento econômico pós-guerra que levou as mulheres do mercado de trabalho de volta ao lar. O papel da boa esposa consistia em criar um ninho familiar que fosse um lugar seguro e tranquilo para o homem veterano de guerra. Mas, algumas décadas depois desse *boom* econômico, Betty passou a mostrar que as mulheres não estavam satisfeitas em sua nova posição de criar "um lar perfeito"; elas queriam mais.[10]

Betty não estava errada. De fato, as mulheres foram criadas, por Deus, para mais do que tirar o pó da casa, lavar louças e banhar as crianças pequenas, de modo que a família pudesse esperar o papai chegar em casa do trabalho. Entretanto, tampouco elas foram criadas para "ser aquilo que quisessem ser". Aliás, nem os homens foram criados com esse propósito. Ambos, homem e mulher, foram criados para ser quem Deus disse que são e nada além disso. Renata Veras tem uma frase que resume isso muito bem: "lugar de mulher é onde Deus disser".[11] Mas qual Deus disse ser, afinal, o lugar da mulher? Se

[10] Ver Betty Friedan, *A mística feminina* (Rio de Janeiro: Rosa dos Tempos, 2020).

[11] Ver Renata Veras, *Lugar de mulher é onde Deus disser* (Eusébio, CE: Peregrino, 2019).

Betty Friedan estava, de alguma forma, certa em alguns pontos, mas também errada em outros, onde podemos encontrar as respostas?

O Catecismo de Westminster, documento acatado por muitas das denominações protestantes históricas, começa dizendo que "o fim supremo e principal do homem é glorificar a Deus e gozá-lo para sempre". Aqui, o termo "homem" aborda o ser humano de ambos os sexos. Tanto o homem como a mulher foram criados para a glória de Deus, e esse glorificar a Deus se reflete de diferentes maneiras, uma delas sendo, na vida de *algumas* mulheres, o cuidar de seu lar. Quando Betty Friedan concluiu que as mulheres foram criadas para mais do que serem subservientes aos homens, estava coberta de razão. A Bíblia não chama as mulheres para praticar uma subserviência cega e passiva. A Bíblia as chama para glorificar a Deus e viver totalmente rendidas a ele e à vontade dele em suas vidas. Quando se casam, elas são chamadas à submissão voluntária a seus maridos, que, por sua vez, são chamados ao amor sacrificial voluntário por suas esposas. Mas Betty Friedan errou ao pensar que ser "criada para mais" significava ter liberdade para escolher seu caminho. Nenhum cristão tem essa liberdade. Nós somos escravos de Jesus e estamos sob o jugo dele (1Co 7.22). A vida cristã é tomar a própria cruz e seguir o Mestre (Mt 16.24). Entretanto, o Mestre e Dono a quem nos entregamos é profundamente gracioso, manso e humilde de coração (Mt 11.29), e não cruel e sanguinário como o Senhor Pecado, a quem servíamos. A liberdade da mulher está em sua entrega total e absoluta não aos homens, mas a um homem específico, Jesus Cristo. E adivinha? A liberdade dos homens se encontra no mesmo lugar! O problema da mulher não é o homem, mas ela mesma. E o problema do homem não é a mulher, mas ele mesmo. E a solução de ambos é Cristo.

Identidade e gênero

Outra obra importante do feminismo é *Problemas de gênero*, de 1990, escrito pela filósofa norte-americana Judith Butler. De acordo com esse livro, que deu início à ideia de gêneros não binários, tão disseminada nos dias de hoje, a identidade ontológica (ou seja, a essência) de uma pessoa não é o que determina seu comportamento. Pelo contrário, segundo Butler, o inverso é verdadeiro — as ações, os comportamentos e os gestos de uma pessoa é que afetam sua noção de identidade. Pode parecer confuso, mas a ideia defendida por esses teóricos da Terceira Onda é a seguinte: o gênero de um indivíduo não é definido por seu sexo biológico ou mesmo por aquilo que a sociedade determina e reproduz como "normal", mas, sim, aquilo que o próprio indivíduo decide ser. Aqui, vemos o nascimento dos indivíduos que se autodenominam não binários, ou seja, pessoas que não se encaixam nos dois gêneros até então tidos como normais e aceitáveis: o masculino e o feminino. De acordo com Butler, todo indivíduo deveria calar o discurso opressivo da sociedade no sentido de que ele deve ser e agir como o que é normativo para homem ou para mulher, e ouvir sua voz interior, a qual lhe revelará sua verdadeira identidade.[12]

Já vimos que, desde a Criação, o propósito de Deus para os sexos é que eles sejam iguais em valor, ainda que diferentes de maneira biológica e na questão dos papéis sociais. As placas usadas em protestos "cristãos" contra a comunidade LGBTQIA+ dizendo: "Deus criou Adão e Eva, e não Adão e Ivo", ainda que geralmente estejam carregadas de ódio homofóbico, estão teoricamente corretas. Como já discutimos, Deus criou uma mulher para o homem como sua auxiliadora necessária, e não outro homem, e ele fez isso de forma proposital. Quando o Criador declarou que sua criação era muito boa, isso incluía apenas dois sexos distintos. A identidade de qualquer ser humano, ao contrário do que diz Butler, não é ditada pela sociedade ou por suas normas opressoras, tampouco pela voz interna de cada indivíduo, mas, sim, por aquele que formou os seres humanos *ex nihilo*, do nada, de acordo com seu propósito misericordioso. Nós somos *imago Dei* (à imagem de *Deus*) e não *imago sui* (à imagem de *nós mesmos*).

[12] Ver Judith Butler, *Problemas de gênero: Feminismo e subversão da identidade* (Rio de Janeiro: Civilização Brasileira, 2003).

A verdade é que a arrogância humana de desprezar sua verdadeira origem para criar sua própria identidade independente não começou com Judith Butler nem com o feminismo, mas, sim, com Adão e Eva no Éden. A primeira mulher não quis abraçar sua bela identidade como criatura e preferiu levar as mãos à possibilidade de se redesenhar segundo sua própria vontade. Gênesis 3 ecoa isso como um alerta desde os primórdios da humanidade, declarando, expressamente, a consequência de tamanha rebeldia.

Conclusão

A ira feminista, em seus melhores momentos, se assemelha à ira de Deus. E, da mesma forma, a ira feminista, em seus piores momentos, incita a ira de Deus. Quando pessoas feministas defendem a mulher de maneira piedosa (ainda que elas mesmas não sejam necessariamente piedosas), refletem a ira divina sobre a maldade e a opressão contra a mulher. Mas, quando defendem a morte de inocentes ou argumentam que as mulheres foram criadas para algo além daquilo que Deus as criou para ser, então opõem-se à ira santa de Deus. Não nos enganemos: Deus odeia o aborto e odeia a distorção de seu intento original na criação. Mas Deus também odeia, na mesma proporção, a opressão às suas criaturas. Como cristãos, não precisamos do movimento feminista para defender as mulheres; Deus é suficiente para isso. Assim, quando nos posicionamos ao seu lado, isso é suficiente para que sejamos cheios de ira santa contra a opressão e a injustiça. Quando olhamos para nosso Deus, um Deus de ira e de amor, um Deus de graça e de justiça, compreendemos que, quando vivemos para a glória dele, vivemos também na luta contra o mal. Não precisamos de ideologia; precisamos de teologia. Precisamos entender quem Deus é e nos tornar a cada dia mais como ele. Dessa maneira, defenderemos mulheres, homens e crianças (nascidas ou não), pois é isso que ele espera de seus seguidores. Portanto, o que precisamos realmente fazer, como cristãos, é encaminhar homens e mulheres para Jesus, que é a única verdadeira solução para as mazelas humanas.

3

DEUS DE CRIATIVIDADE E A FEMINILIDADE EXCLUSIVA

Que variedade, Senhor, nas tuas obras!
Todas com sabedoria as fizeste;
cheia está a terra das tuas riquezas.

Salmos 104.24, ARA

Inconformada, olhei para ele. "Não entendi", desabafei finalmente: "Acabou?" Como podia ser? Não teve beijo, não teve príncipe, não teve romance? Meu namorado olhou para mim como se eu fosse ridícula. Mas o que eu podia fazer? Eu me sentia roubada. Fizeram-me pagar para ver um filme de princesa que não tinha romance! A animação *Valente*, dos estúdios Disney e Pixar, com seu enredo sobre o amor de mãe e filha, me irritou tanto que eu assisti ao filme apenas uma vez, diferentemente de várias outras animações dos mesmos produtores que vi dezenas de vezes, com canções e falas ocupando um espaço em minha memória que provavelmente deveria ser reservado a versículos bíblicos. Eu não queria essa princesa que lutava por si mesma, que não precisava de um príncipe. Onde estavam minhas donzelas em apuros?

Valente foi lançado em 2012, mas sua mensagem fala hoje mais alto do que nunca. Na época do lançamento, algumas pessoas disseram que o filme era um primeiro, ainda que imperfeito, passo do império Disney rumo a uma visão mais "empoderada" de suas protagonistas.[1] Conhecido por seus muitos filmes sobre princesas indefesas, o estúdio Disney entregara, finalmente, uma princesa que dava orgulho ao "não tão novo" pensamento sobre o papel das mulheres na sociedade.

[1] Drew Taylor, "Review: Pixar's 'Brave' Is a Powerful but Wobbly Feminist Fairy Tale", *IndieWire*, 11 de junho de 2012, <https://www.indiewire.com/2012/06/review-pixars-brave-is-a-powerful-but-wobbly-feminist-fairy-tale-109668/>.

Entretanto, ao contrário da mídia, a Francine de 2012 não se agradou nem um pouco da novidade, e acredito não ter sido a única. Muitas mulheres que assistiram ao filme *Valente* naquele ano devem ter se encontrado tão desapontadas ou, no mínimo, tão confusas quanto eu.

Bela Adormecida *versus* Capitã Marvel

Nasci em 1992 e, assim como muitas outras meninas da minha idade, cresci assistindo a filmes de contos de fadas. *Cinderela*, *Branca de Neve*, *A Bela Adormecida*, *A Pequena Sereia*, todas essas protagonistas que influenciaram meu imaginário infantil, eram belas, doces, delicadas e, na maioria das vezes, indefesas. Até mesmo as poucas exceções que eram menos ingênuas, como a Bela de *A Bela e a Fera*, ainda viviam um romance no final da história e tinham suas trajetórias de vida transformadas por causa desse amor. Por isso *Valente* me irritou tanto. Fui condicionada a esperar dessas histórias uma princesa indefesa, e Merida, com seus cabelos nada alinhados e seu arco e flecha, virou meus conceitos de feminilidade de cabeça para baixo.

Hoje em dia, é quase senso comum no meio secular — ou seja, fora dos círculos cristãos — que as princesas dos contos de fadas não são um ideal saudável de mulher. Tanto por suas estéticas quase sempre europeias (padrão que foi quebrado pela primeira vez no filme *Aladdin*, 55 anos depois do primeiro lançamento da Disney) como por sua necessidade de se envolver em um romance (padrão que, como vimos, foi quebrado no filme *Valente*, em 2012), as princesas da Disney representam tudo que nossa sociedade feminista contemporânea despreza na feminilidade. Por isso, hoje em dia, os estúdios de filmes tomam muito cuidado para não seguir mais esses padrões em seus personagens. Há exceções, é claro, como a personagem Bella, da famosa saga *Crepúsculo*, que, refletindo uma feminilidade digna de contos de fadas, resume toda a sua existência a um rapaz. Mas, mesmo diante dessas exceções, a regra tem se tornado cada vez mais criar protagonistas femininas fortes e independentes. Alguns filmes, inclusive, chegam ao extremo oposto das princesas

Disney, ao criar personagens que declaram, com todas as letras, sua total independência, desprezando qualquer tipo de ajuda ou presença masculina em suas narrativas.

Em 2019, o estúdio Disney lançou o filme *Capitã Marvel*, sobre uma super-heroína que disputa uma batalha intergaláctica. A protagonista da obra, a atriz Brie Larson, disse, em uma entrevista, que os diretores do filme almejavam fazer dele o mais feminista de todos os tempos.[2] Era como se a Disney estivesse finalizando o que tentou começar com *Valente*. Houve muitas críticas ao filme, e até mesmo adeptos do movimento feminista discordaram de que ele fosse, de fato, um marco histórico (provavelmente por não o considerarem suficientemente explícito em sua oposição aos homens).[3] Mas, ainda assim, *Capitã Marvel* levantou uma bandeira feminista, e algumas pessoas não ficaram satisfeitas — especialmente os cristãos. Na verdade, a primeira vez que percebi que eu não concordava plenamente com alguns irmãos e irmãs na fé acerca do que significa feminilidade foi quando li um artigo sobre o filme *Capitã Marvel*.

Enquanto eu trabalhava como assistente administrativa da minha igreja, cultivava o hábito de ler artigos no meu horário de almoço. Em um desses dias, acabei encontrando um artigo intitulado "Eis a tua rainha: o verdadeiro conflito em *Capitã Marvel*". Postado no site de um dos maiores ministérios cristãos norte-americanos, o artigo criticava com firmeza o feminismo no filme *Capitã Marvel*.[4] O autor declarava-se saudoso dos tempos em que a feminilidade retratada nos filmes era não a da rainha que luta por si só, mas a da princesa que espera, indefesa, que um príncipe a acorde com um beijo de amor. O autor do artigo disse, inclusive, que lamentava o fato de estarmos tão longe dos dias em que o exemplo dado às mulheres nas telas dos

[2] "Captain Marvel star Brie Larson on taking landmark role", ABC News (YouTube), 5 de março de 2019, <https://www.youtube.com/watch?v=GJZ8_fMtS1s>.

[3] Jess Joho, "Captain Marvel's shallow take on feminism doesn't land", *Mashable*, 9 de março de 2019, <https://mashable.com/article/captain-marvel-feminism-female-superhero/>.

[4] Greg Morse, "Behold Your Queen: The Real Conflict in Captain Marvel", *Desiring God*, 11 de março de 2019, <https://www.desiringgod.org/articles/behold-your-queen>.

cinemas era o de *A Bela Adormecida*. Vale lembrar que *A Bela Adormecida*, em algumas versões antigas do conto, foi estuprada enquanto dormia e, na versão mais "água com açúcar" da Disney, é beijada sem consentimento enquanto está inconsciente. Essa era a feminilidade que o escritor de um grande meio de comunicação cristão reformado gostaria de ver sendo ensinada, uma feminilidade absolutamente vulnerável e indefesa. A crítica veio também aos homens, dizendo que aqueles que admiram o tipo de feminilidade retratado em *Capitã Marvel* são covardes que preferem enviar mulheres para a guerra a lutarem por si mesmos.

Não fui a única pessoa que se incomodou com esse artigo. Vários grandes meios de comunicação cristãos e seculares, e indivíduos cristãos em suas redes sociais, fizeram críticas pesadas. A situação chegou a tal ponto que o artigo original foi modificado, e as partes mais problemáticas, inclusive o trecho sobre *A Bela Adormecida*, foram editadas ou removidas. Entretanto, atualmente, não há nada no artigo que alerte para a edição anterior e não houve nenhuma retratação oficial do ministério. É como se nada tivesse acontecido.

De um extremo a outro

Talvez você não tenha gostado do filme *Capitã Marvel*. Confesso que, igualmente, não foi o meu preferido. Espero que esteja claro que meu objetivo em trazer essa discussão neste capítulo não é pensar se o filme foi bom ou ruim, se foi feminista ou não, mas, sim, refletir com você sobre se a feminilidade que está sendo ensinada por grandes meios cristãos reformados é, de fato, bíblica. Creio que esse artigo que usei de exemplo não foi um ponto fora da curva, mas, na verdade, uma expressão talvez mais extremista, ou apenas mais corajosamente clara, daquilo que tem sido pregado há muitos anos no meio cristão, especialmente o reformado, primariamente nos Estados Unidos e, agora, no Brasil.

Há algum tempo percebo que muitas das páginas de feminilidade bíblica que estão aparecendo nas redes sociais brasileiras seguem, cada vez mais, um mesmo modelo: imagens de mulheres da época puritana ou da década de 1950, geralmente de aparência europeia, com saias e vestidos longos, ao lado de seus familiares ou em um campo florido; e, na legenda, frases e textos quase sempre focados na domesticidade, ou seja, no papel da mulher dentro do lar. É como se os cristãos tivessem olhado para a esquerda e visto um inimigo, o feminismo, e, então, tivessem decidido puxar o pêndulo para o extremo oposto. Mas, ao elevarem um extremo em detrimento do outro, acabaram criando um inimigo à direita, que, ouso dizer, é tão perigoso quanto o "monstro" à esquerda (e aqui não falo de esquerda ou de direita em termos políticos). Ao tentarem evitar o discurso feminista de que a mulher pode ser quem quiser e ingressar em espaços que antes eram somente masculinos, alguns cristãos criaram essa ideia de que a mulher deveria limitar-se a um só espaço, o lar, e a um só papel, o de esposa e mãe. Dessa maneira, o casamento se elevou à posição de chamado ideal e único à mulher. Se o feminismo iria pregar que a mulher deveria libertar-se do casamento, então os cristãos pregariam o extremo oposto, ou seja, o casamento não como algo a ser evitado a todo custo, mas almejado a todo custo. Já abordamos os perigos do feminismo no capítulo anterior, e explicamos por que ele se opõe ao cristianismo e por que, como cristãs, não precisamos dele. Aqui, então, falaremos sobre o outro extremo, o "monstro à direita".

Pessoalmente, cresci influenciada por alguns meios a crer que, como mulher, meu papel primário e último na vida era, de fato, o de esposa e, consequentemente, o de mãe. Quaisquer papéis para além desses poderiam ser, no máximo, desempenhados apenas em uma fase da vida, mas não por ela toda. Também fui ensinada que, em qualquer circunstância, o homem sempre provê, sempre inicia, sempre age, cabendo à mulher ter um espírito passivo, receptivo, algo que reflita o padrão "Bela Adormecida". Preparei-me para o casamento, quase não fiz faculdade para poder focar esse objetivo, e, no final das contas, escolhi um curso que não atrapalhasse meus planos; pelo contrário, um curso que até mesmo me ajudaria nessa jornada (afinal, Pedagogia me ajudaria a ser uma mãe melhor, certo?). Confesso que me envolvi em relacionamentos indevidos porque meus olhos estavam tão fixos no alvo do casamento que eu praticamente aceitava toda e qualquer oportunidade que me deixasse mais próxima dele.

Infelizmente, esse padrão não foi ensinado somente a mim, mas, como já mencionei, é algo que tem sido propagado e difundido em centenas de páginas nas redes sociais, além de meios mais oficiais, como sermões, livros, cursos e conferências para mulheres. O ensino às cristãs parece ter sido totalmente reduzido a esses assuntos. Hoje em dia, é difícil encontrarmos livros e materiais criados para o público feminino que ensinem quaisquer temas que não sejam parte dessa bolha cor-de-rosa, dessa temática do lar e de suas responsabilidades. As passagens bíblicas específicas sobre mulheres, como Provérbios 31 ou Tito 2, acabaram se tornando um padrão exaustivo de ensino e, então, criou-se uma geração de mulheres profundamente versadas no papel feminino, mas praticamente analfabetas em quaisquer outras doutrinas bíblicas.

Cabe ressaltar que não proponho como solução a fuga de certos textos bíblicos, mas, sim, um ensino holístico das Escrituras às mulheres. Não há nada de errado com Provérbios 31 ou Tito 2; o errado reside na ideia de que essas são as únicas passagens válidas para as filhas de Deus.

Uma feminilidade exclusiva

Demorou para que eu percebesse essa bolha cor-de-rosa na qual me encontrava. Eu era uma consumidora assídua de livros destinados a mulheres e já havia lido todos os mais famosos sobre o tema. O início do processo de repensar essa mentalidade se deu quando uma das leitoras do Graça em Flor, ministério on-line pelo qual sou responsável, apontou-me essa problemática na espécie de literatura que eu consumia e reproduzia. Essa moça, hoje minha amiga pessoal, tomou a iniciativa de, amorosamente, me mostrar que essa redução, esse outro extremo, não refletia tudo o que Deus diz sobre as mulheres e sobre seus papéis. Foram necessários meses de conversa e muita leitura da Palavra para que eu começasse a perceber que talvez tivesse comprado uma ideia que não fosse totalmente bíblica.

Esses momentos ainda doem. Senti-me culpada por haver transmitido essas ideias às mulheres que confiavam em minha escrita, senti-me confusa sobre o que tinha aprendido durante quase toda a minha adolescência e senti-me desafiando a Deus. Então, depois de muita oração, de muito estudar a Palavra, de muita conversa, de muito meditar, de muito jorrar da graça em minha vida, finalmente senti paz. Senti pesos sendo retirados de meus ombros e experimentei uma liberdade em minha feminilidade que nunca havia vivenciado antes.

Tudo isso culminou em um artigo que escrevi para o Graça em Flor em março de 2019, intitulado "Nem feminismo nem feminilidade açucarada: deixe-me ser verdadeiramente mulher".[5] Nós, escritores, não sabemos nos comunicar de outra forma, e foi escrevendo esse texto que finalmente processei as lições que o Senhor estava me ensinando por meses a fio. Pela primeira vez, usei a expressão *feminilidade açucarada*, conceituando-a como "a ideia de que a mulher bíblica é aquela cuja aparência física parece ter saído diretamente dos romances de Jane Austen e cuja vida é focada em seu marido e nos filhos, ou em ser uma solteira preparando-se para a chegada dos tão sonhados marido e filhos". Fiz a denúncia de que essa tendência de pensamento estava criando, direta ou indiretamente, "centenas de mulheres cristãs que, na busca sincera por agradar a Deus, acabam se reduzindo a [um] padrão, sentindo-se frustradas ou culpadas caso não caibam [em determinada] 'caixa'". Os comentários de resposta a esse texto muito me surpreenderam. Recebi mensagem após mensagem de irmãs em Cristo dizendo que "esse conceito de feminilidade açucarada me fez pensar que eu era menos feminina, ou que a ideia de feminilidade na Bíblia era dura demais para mim", ou que "há meses eu vinha me sentindo oprimida por esse padrão feminino

[5] Francine Veríssimo Walsh, "Nem feminismo nem feminilidade açucarada—Deixe-me ser verdadeiramente mulher", *Graça em Flor,* 14 de março de 2019, <https://gracaemflor.com/nem-feminismo-nem-feminilidade-acucarada-deixe-me-ser-verdadeiramente-mulher>.

açucarado". Era como se essas irmãs estivessem também começando a experimentar a paz que eu mesma senti ao me livrar desses pesos impostos não por Deus, mas por homens e mulheres. Era como se finalmente tivéssemos começado a expressar em palavras algo que nos incomodava silenciosamente há tanto tempo.

Desde a publicação do artigo, em 2019, a expressão *feminilidade açucarada* acabou sendo adotada por outras mulheres cristãs em postagens on-line e conversas cotidianas, tanto em argumentos favoráveis à minha ideia como naqueles contrários. Houve quem dissesse que eu estava trazendo divisão ao Corpo de Cristo e julgando irmãs segundo determinado estilo estético. Confesso que, inicialmente, me incomodei com essas críticas. Eu não julgava estar trazendo divisão; pelo contrário, sentia que, finalmente, estava ajudando irmãs que se encontravam na periferia do debate da feminilidade bíblica a se sentarem novamente à mesa. Mas, com o tempo, o Espírito Santo me mostrou que, de fato, o termo *açucarada* trazia, ainda que eu não tivesse a intenção, uma crítica a determinado padrão estético, e que minha descrição da tendência era incompleta. Hoje concordo com as críticas — a expressão *feminilidade açucarada* não abrange tudo o que estou tentando comunicar; pelo contrário, reduz o debate.

Por isso, proponho aqui uma nova expressão, *feminilidade exclusiva*, que penso ser mais abrangente e justa. Exclusivo é aquilo que de fato exclui, que torna um grupo restrito a uma norma e coloca à margem qualquer pessoa que não se encaixe em determinado padrão. Poderíamos usar esse termo para falar do feminismo, que, de uma forma irônica, ao tentar criar uma sociedade inclusiva, acaba criando uma ideia exclusivista que remete ao ostracismo aqueles que nela não se encaixam. Já no que diz respeito à feminilidade bíblica, essa tendência da feminilidade exclusiva deixa de fora irmãs que não cabem perfeitamente no molde de "esposa-dona-de-casa-mãe-de-muitos-filhos" e que, de preferência, também são românticas em seu estilo e tímidas e quietas em suas personalidades.

Assim, muitas de nossas irmãs brasileiras — mulheres solteiras, as que têm personalidade forte, as que trabalham fora do lar ou não se encaixam no padrão europeu de estética física — têm-se sentido na periferia da fé cristã, excluídas da comunhão que acontece dentro desses grupos exclusivistas. Não creio que exista, necessariamente, malícia nessas tendências. Talvez boa parte disso venha de um sentimento orgulhoso de superioridade. Mas também pode ser que boa parte venha de um desejo sincero de agradar a Deus que apenas está focado no lugar errado, e eu creio que esse seja o caso na maioria das vezes. Entretanto, não podemos ignorar o farisaísmo, ou seja, a hipocrisia religiosa que se instala nessa exclusividade. Quando olhamos para irmãs diferentes de nós como se fossem menos cristãs, quaisquer que sejam essas diferenças, então nos assemelhamos àqueles que constantemente julgavam Jesus e seus seguidores. Tornamo-nos orgulhosas e até mesmo cruéis.

Querida irmã, talvez você se reconheça no meu testemunho. Talvez também tenha sido ensinada, desde a sua conversão, que sua finalidade última na vida é o casamento e a maternidade, e que qualquer coisa para além disso não é o ideal bíblico para você como mulher. Talvez se sinta até mesmo confusa quando eu ouso apontar para a exclusividade desse tipo de feminilidade como um problema, porque está inculcada em você a ideia de que isso é nada mais do que a *única* vontade de Deus. Talvez você tenha sido ensinada que a verdadeira feminilidade bíblica se reflete em uma personalidade quieta e calma, em vestidos floridos e chás com croissants. Talvez até mesmo se sinta aprisionada a essa caixa, que, por mais que você tente, não parece acomodar você, sua personalidade e seu estilo. Ou talvez você seja uma das irmãs que está excluindo as outras que não se encaixam em seu próprio padrão de feminilidade bíblica.

Independentemente de onde você se encontre nessa conversa, quero convidá-la a pensar que esse tipo exclusivo de feminilidade não representa uma visão completa do que a Bíblia diz sobre a mulher. Pelo contrário, é uma visão reduzida e limitada, de modo que não deveria ser pregada como padrão único. Receio até mesmo que esse tipo de visão acabe formando mulheres fracas que não refletem o caráter do nosso Deus.

A liberdade de um Deus criativo

Os seres humanos são, ao mesmo tempo, iguais e diferentes. Temos em comum o fato de sermos animais humanos, e não animais de qualquer outra espécie, e o fato de sermos *imago Dei*, ou seja, à imagem de Deus. De diferente, temos todo o resto — nossa nacionalidade, cultura, aparência, personalidade. Nenhum dos bilhões de humanos que já viveram nesta Terra foi exatamente igual a você. Nenhum. Você já parou para pensar na grandiosidade desse fato? Apesar de carregarmos a imagem de Deus (o que nos faz iguais em valor), somos completamente diferentes! Hoje, a ciência nos mostra que nosso DNA revela tanto nossas similaridades na condição de humanos como nossas diferenças na qualidade de criaturas únicas.[6] Como cristãos, podemos ver nisso a mão de um Criador que nos fez propositalmente similares e dissonantes.

O apóstolo Paulo, em sua carta aos irmãos da cidade de Éfeso, disse que somos "feitura" de Deus (Ef 2.10). Nessa passagem, Paulo está falando especificamente dos cristãos, acerca de sua nova natureza em Cristo, mas a palavra original grega traduzida como "feitura" é *poiema*, de onde derivamos o vocábulo em português "poema". Sabemos, por outras passagens bíblicas, que os cristãos são não apenas o poema de Deus, sua criação e feitura, como também toda a natureza — desde os átomos até os buracos negros. Sem ele, nada do que existe teria sido feito (Jo 1.3). Cada um de nós foi criado como poemas únicos, com todas as particularidades que nos fazem tão diferentes daqueles ao nosso redor. Até mesmo gêmeos idênticos que carregam praticamente o mesmo DNA não são iguais.

Então, o que podemos concluir? Deus não é um Criador sem inspiração. Pelo contrário, é um Autor da Vida absolutamente criativo, formando novas criaturas únicas a cada novo nascimento (no ano de 2020, enquanto escrevo este livro, 385 mil bebês

[6] Bob Grant, "Does Our DNA Make Us All Unique or All the Same?", *The Scientist*, 1º de setembro de 2019, <https://www.the-scientist.com/editorial/does-our-dna-make-us-all-unique-or-all-the-same--66307>.

nascem diariamente!). Por vários motivos, isso é algo maravilhoso. Primeiro, podemos apreciar a beleza do mundo ao nosso redor, que, ainda que caído, reflete o belo Deus que o criou. Dos pássaros ao cheiro de um bebê recém-nascido até os pêssegos, este mundo foi criativamente planejado em cada detalhe perfeito. Segundo, podemos, e devemos, apreciar a beleza da diversidade na criação dos seres humanos. Somos todos diferentes em cor, tamanho, tipo físico e personalidade — e isso não deve ser ignorado, mas celebrado! A Bíblia diz que seres humanos de todas as tribos e línguas adorarão ao Senhor — o Novo Céu e a Nova Terra não serão uma compilação de fantasmas cobertos de lençóis brancos; serão uma festa com corpos ressurretos de pessoas de todos os tipos (Ap 7.9-10). Eu não sei você, mas eu mal posso esperar por isso! Terceiro, e aqui exponho meu maior argumento deste capítulo, a criatividade de Deus implica que a tendência da feminilidade exclusiva está errada — um Deus absolutamente criativo não inventou uma forma única e disse que toda mulher deveria caber nela.

Mas e o padrão que vejo na Bíblia?

A Bíblia é a Palavra de Deus à humanidade e contém aquilo que ele escolheu revelar sobre si mesmo a nós, sendo completamente suficiente para nos guiar em nossa jornada como cristãos. Acredito que Deus nos tenha mostrado em sua Palavra seu coração em relação às mulheres, estabelecendo as diretrizes acerca do que significa ser mulher, e não homem. Este livro todo é minha tentativa de expressar o que acredito ser a verdade revelada de Deus sobre a mulher. Entretanto, ainda que exista um direcionamento, não vejo na Bíblia um padrão engessado como o que tem sido pregado pela feminilidade exclusiva. Eu gostaria de olhar para algumas das assertivas que são comumente propagadas pela feminilidade exclusiva para justificar esse engessamento, e analisá-las à luz do que Deus diz em sua Palavra.

1. "O ideal para a mulher cristã é que seja esposa e mãe"

Creio que a tendência à idolatria do casamento e da maternidade seja a mais perigosa manifestação da feminilidade exclusiva. A passagem bíblica mais famosa sobre as mulheres, Provérbios 31, parece ser usada como embasamento para essa ideia. Esse belo poema sobre a esposa ideal começa com o termo "esposa exemplar" ou, em outras traduções, "mulher virtuosa". A palavra original hebraica que traduzimos nesses termos é uma junção de *eshet*, uma variante da palavra *isha*, que significa "mulher" ou "esposa", dependendo do contexto; e *chahyl*, um termo que traz a conotação de força e coragem. Esse termo é usado apenas três vezes na Bíblia — em Provérbios 31, em Provérbios 12 e em Rute 3.

Em seu contexto de Provérbios 31, fica claro que *eshet chahyl* refere-se a uma mulher casada. Traduções da Bíblia em língua inglesa, em sua quase maioria, apresentam o termo *wife* (esposa), e não *woman* (mulher), no verso 11. Essa tradução foi inferida pelo contexto, uma vez que fica claro que esse poema descreve uma mulher casada, sendo também uma continuação dos conselhos da mãe do rei Lemuel sobre como ser um bom governante e como encontrar uma boa esposa para o auxílio nessa tarefa (Pv 31.1). Entretanto, o erro no qual muitos caem é presumir que Provérbios 31 prescreve que a mulher virtuosa deve *sempre* ser uma esposa, e que é somente nesse papel que ela pode honrar a Deus e tornar-se uma mulher excelente.

Para compreendermos esse erro interpretativo, podemos olhar para uma das outras três passagens em que *eshet chahyl* aparece no texto bíblico, no livro de Rute. Boaz, aquele que viria a ser marido de Rute, declara saber que ela era uma "mulher virtuosa" (Rt 3.11). Rute, uma mulher viúva e de origem pagã, é louvada nos mesmos termos que foram usados pela mãe do rei Lemuel para descrever a esposa ideal. Boaz reconhece Rute dessa maneira não por sua condição conjugal, mas pelo caráter demonstrado por seu comportamento e seu coração. Assim, podemos entender que a verdadeira mulher virtuosa, exemplar, não é intrinsecamente a casada ou a solteira, mas aquela que teme o Senhor. Aliás, nossa compreensão da passagem de Provérbios 31 só será completa se começarmos pelo último verso. A mulher virtuosa não é louvada, no final, por suas incríveis conquistas financeiras ou familiares, mas, sim, por seu temor ao Senhor, que, no livro de Provérbios como um todo, é visto como o princípio da sabedoria. A mulher casada, tanto quanto a solteira, pode olhar para Provérbios 31 não como um ideal perfeito que nunca atingirá, mas como um encorajamento a viver temendo o Senhor, de maneira que se torne sábia e engajada em todos os papéis que tiver em cada etapa da vida.

A Bíblia ensina, para além dessas passagens, que o casamento não é disposto por Deus como um chamado superior à solteirice, algo que a feminilidade exclusiva parece pregar. O apóstolo Paulo, em uma de suas cartas aos irmãos da cidade de Corinto, afirma que a solteirice é um chamado que traz a vantagem da liberdade e a possibilidade de dar foco ao serviço ao Senhor. Entretanto, embora tenha dito que preferiria que seus irmãos permanecessem solteiros, Paulo não considera a solteirice acima do casamento, como chamado, nem vice-versa (1Co 7).

O próprio Senhor Jesus, no Evangelho de Mateus, disse que o celibato é um chamado que Deus dá especificamente a alguns (Mt 19.11), e que há liberdade para que a solteirice seja o estilo de vida que alguns terão. Dessa maneira, não podemos ensinar às mulheres, como se tem feito, que o casamento é um chamado elevado que deve ser buscado a todo custo. Se Deus chama alguém à solteirice, e nós o forçamos a casar, por crermos que esse é o chamado de Deus em relação a todos, estamos errados. Quantos casamentos infelizes existem de pessoas que foram coagidas por outros cristãos a casar? Obviamente, essa não é a única razão para casamentos infelizes, e Deus certamente pode redimir até mesmo essas situações, mas que Deus nos ajude a não sermos juízes do chamado específico dele a nossos irmãos!

2. "O ideal para a mulher cristã é que fique no lar"

Creio que, a esse respeito, a feminilidade exclusiva não está completamente equivocada; apenas prega como geral algo que é específico. Quando Deus chama uma mulher ao *casamento* e, posteriormente, à *maternidade*, creio que, desse momento em diante, o principal ministério dela são os filhos e os respectivos cuidados que deve dispensar-lhes — pelo menos nos anos iniciais de vida das crianças, considero que o ideal é que esse cuidado seja dispensado bem de perto. Vamos abordar a questão da maternidade de maneira mais aprofundada no capítulo 6 e a questão do trabalho no capítulo 7; por ora, quero enfatizar que acredito que a biologia do corpo feminino aponta para a necessidade que o bebê tem de sua mãe. Deus criou a mãe para ser o refúgio de seu filho, desde a concepção, e isso é lindo. Então, sim, em um cenário ideal, a mãe deve ficar com seu filho e prover às suas necessidades.

Entretanto, não vivemos em um mundo ideal. Habitamos um mundo caído e distorcido pelo pecado. Assim, não é a realidade de muitas mães, devido à situação financeira ou a outros motivos, especialmente no Brasil, permanecer com seus filhos durante toda a sua infância. Portanto, se dissermos a essas mães que elas estão em pecado pelo único fato de não permanecerem no lar em tempo integral, estaremos sendo cruéis.

Imagine uma mãe que precisa trabalhar em dois empregos, numa carga horária pesada, para conseguir pagar as contas mais básicas de seu lar — por ser mãe solteira ou porque o salário do marido não é suficiente para suprir as necessidades da família. Imagine, então, que ela abra uma página do Instagram que prega, postagem após postagem, que a mãe cristã deve ficar no lar independentemente das circunstâncias, e que aquela que trabalha tem seguido o feminismo e noções egoístas e mundanas contrárias à Bíblia. Como você pensa que ela se sentirá? Talvez passe a dormir todas as noites pensando estar em pecado. Talvez comece a se sentir amargurada em relação ao marido, que, sozinho, não consegue pagar as contas. Talvez comece a refletir sobre a possibilidade de abandonar a fé, ou ao menos a comunhão na igreja, acreditando-se impura demais para ser serva de Jesus. Ah, quão longe do evangelho da liberdade estamos quando agimos dessa forma! Creio que a feminilidade exclusiva, ao ignorar que o mundo está caído e que a realidade nem sempre é ideal, prega um mundo quase perfeito que, portanto, não precisa de um Salvador.

Quando impomos nossos ideais sobre nossas irmãs que não têm os mesmos privilégios e as mesmas oportunidades que nós, colocamos sobre seus ombros pesos que Jesus morreu para remover. Novamente, o tema do trabalho em relação à maternidade será abordado em mais detalhes no capítulo 7.

3. "O ideal para a mulher cristã é que tenha uma personalidade quieta"

Sempre me senti particularmente fora dos padrões "bíblicos" de feminilidade no que diz respeito ao aspecto da personalidade. Nunca fui quieta ou tímida; pelo contrário, fui aquela criança que as professoras diziam ter "um espírito de liderança", para não usarem o termo "mandona". Eu fazia minhas primas mais novas brincarem daquilo que eu quisesse e não aceitava passivamente qualquer opinião que me fosse apresentada. Há, é claro, alguns pecados incluídos nessa personalidade forte que tenho. Há orgulho e rebeldia, e diariamente preciso levá-los aos pés de Cristo. Entretanto, não há pecado intrínseco no fato de eu ser mais comunicativa ou de ter um espírito de liderança, assim como não há em alguém ser mais quieto ou reservado. É possível que haja pecados na segunda opção, como, por exemplo, o desejo de agradar aos outros, ou a falta de vontade de se envolver com as pessoas em um nível mais profundo e vulnerável, como somos todos chamados a fazer na qualidade de Corpo de Cristo. Nenhuma das duas personalidades é, portanto, intrinsecamente errada.

Pense em um jardim florido. Há girassóis, grandes e altos; rosas, espinhosas e delicadas; mosquitinhos brancos, pequeninos e singelos; cactos, secos e resistentes. Há quem prefira os girassóis, e há quem prefira os cactos. Há ocasiões, como uma decoração de casamento, em que os mosquitinhos podem representar bem um casal mais simples e sóbrio, enquanto grandes rosas representariam melhor um casal mais extrovertido e extravagante. Se Deus, em sua santa criatividade, formou flores tão distintas, não é de se esperar que ele crie mulheres distintas? Como podemos admirar e louvar a diversidade das flores enquanto mandamos que nossas irmãs, mulheres criadas à imagem de um Deus criativo, sejam todas iguais?

Um texto bíblico que possivelmente embasa essa visão de "personalidade única" é 1Pedro 3.4, que diz que o adorno, a beleza, da esposa não deveria estar em seu exterior, mas, sim, em seu interior, em um "espírito dócil e tranquilo". Notemos, de pronto, que o contexto dessa passagem não se dirige a todas as mulheres, mas especificamente às esposas e, não somente isso, às esposas cujos maridos não amam o Senhor. O apóstolo Pedro estava ensinando a essas esposas de descrentes que através da atitude submissa e respeitosa delas é que seus maridos veriam o Senhor Jesus (1Pe 3.1-2). Assim, ainda que todo cristão (homem e mulher) seja chamado a imitar Jesus, que era manso e humilde de coração (Mt 11.29; Fp 2.5-11), não podemos tomar essa passagem e pregar que a verdadeira mulher cristã sempre apresenta uma atitude exterior quieta. Até porque, mesmo que 1Pedro se referisse a todas as mulheres, o ensino é sobre um *espírito* dócil e tranquilo, e não sobre uma *personalidade* passiva. Um espírito dócil pode ser visto na coragem e liderança da profetisa Débora; na força e obediência de Rute; e na submissão e introversão de Maria, mãe de Jesus. O relato bíblico nos mostra um colorido de personalidades femininas que jamais poderiam ser tingidas de uma cor só. Deus criou beleza nas diferenças. Que ele não nos permita, portanto, tomar sua criação diversificada e reduzi-la a uma só cor!

4. "O ideal de modéstia para a mulher cristã é o estilo romântico"

Em minha adolescência, li um livro sobre "a esquecida arte da beleza feminina", cuja capa trazia uma moça com delicados sapatos cor-de-rosa, uma saia comprida e esvoaçante, pulseiras e acessórios combinando com o traje e flores nas mãos.[7] Todo o conteúdo do livro expressava em palavras aquilo que a capa dizia com uma só imagem: a verdadeira beleza da mulher se encontra em um estilo romântico

[7] Leslie Ludy, *Set-Apart Femininity: God's Sacred Intent for Every Young Woman* (Eugene, OR: Harvest House Publishers, 2008).

de viver e se vestir. Não estou exagerando em prol do meu argumento. Algumas passagens de outro livro da mesma autora diziam coisas como "Acredito que [o desejo de ser uma princesa] é dado por Deus [a cada garota, mas] a cultura rapidamente [...] transforma nosso desejo de beleza feminina em algo totalmente diferente da versão das princesas da Disney".[8] Esse livro confirmava justamente o que eu disse no começo deste capítulo: alguns cristãos realmente acreditam que as princesas da Disney deveriam ser nosso padrão de feminilidade.

Isso me preocupa por vários motivos — alguns, aliás, já listei aqui. Mas, neste momento, quero abordar a problemática de dizermos às mulheres que o estilo romântico deveria ser o padrão de modéstia. Talvez você já tenha notado essa tendência. Se uma moça se veste com calças jeans e uma camiseta preta, é desencorajada em sua feminilidade. Ela não é "suficientemente feminina". O certo, como cristã, seria que ela se vestisse com vestidos rodados, algo digno (adivinha?) das princesas da Disney. Minha mãe, uma mulher forte e piedosa, ama o combo All-Star Converse, camiseta e calça jeans. Durante a maior parte da minha vida, ela teve cabelo bem curto, no estilo que chamam de "joãozinho". E ela fica linda assim! Posso dar testemunho de que ela nunca foi menos mulher ou menos piedosa por causa de suas preferências estéticas.

Aqui cabe ponderarmos, entretanto, acerca de normas culturais. Creio que, como mulheres cristãs, precisamos mostrar ao mundo à nossa volta que temos grande alegria de ser mulheres, que aceitamos, com obediência e submissão, aquilo que o Criador quis fazer conosco. Portanto, se nossas atitudes ou nossas estéticas expressam rebeldia à condição de sermos mulheres, de fato precisamos pesar nosso coração e ver se não há um pecado de insubmissão não abordado. Entretanto, há muitas décadas, o estilo estético romântico, com seus vestidos e saias, não é o padrão de feminilidade da sociedade

[8] Leslie Ludy, *The Lost Art of True Beauty: The Set-Apart Girls Guide to Feminine Grace* (Eugene, OR: Harvest House Publishers, 2010), p. 8.

em geral. Dessa forma, não creio que a mulher que opta por trajes diferentes esteja expressando à sociedade que experimenta rebeldia quanto à sua criação.

Hoje em dia, existem vários estilos estéticos disponíveis às mulheres, como, por exemplo, o clássico, o criativo, o dramático, o elegante... E o estilo romântico é apenas um desses. A modéstia deve ter início no coração de toda mulher cristã e de todo homem cristão, de modo que eles podem expressar-se de acordo com qualquer um desses diferentes estilos. Uma mulher pode ser sensual e romântica ou modesta e dramática, de modo que o estilo em si não compreende modéstia. A modéstia exibida a partir do aspecto exterior pode até funcionar por algum tempo, mas terá vida curta. A culpa apenas nos motiva a fazer o certo por algum tempo, e logo desistimos. Nossas vestimentas devem ser o reflexo final de uma modéstia que é encorajada a começar no coração, nos pensamentos, em total obediência à presença do Espírito em nós. As mulheres devem ser ensinadas que é por amor a Jesus e em consequência de seu amor por nós que nos vestimos de forma modesta. Elas precisam aprender que uma saia de tamanho X ou Y não torna uma mulher mais santa; o que a torna mais santa é um coração que, de fato, se devota a Deus (que é o verdadeiro significado de santidade). Uma mulher totalmente devotada a Cristo, disposta a amá-lo, saberá como se vestir de modo a honrá-lo. O Espírito Santo lhe dará discernimento conforme ela aprende o evangelho a cada dia e cresce em comunhão com suas irmãs em Cristo. Podemos, e devemos, encorajar umas às outras na modéstia, mas não podemos coagir nossas irmãs com regras e mais regras desprovidas de incentivo a que adotem uma atitude interior santificada.

É ingênuo, portanto, pensarmos que apenas um estilo estético comporta a noção de modéstia, uma vez que essa é uma característica interna. E não somente isso; é cruel pregarmos dessa maneira às irmãs que se encaixam em outras opções que vão além da romântica. A criatividade de Deus se reflete na criatividade de suas filhas ao se vestir de forma modesta segundo diversos estilos estéticos.

Bem-vinda à mesa

Certa vez, ouvi uma frase que me marcou profundamente: quando houver mais pessoas em sua vida do que lugares à sua mesa, não aumente seus muros; amplie a mesa. Creio que, como cristãos, somos chamados a uma hospitalidade radical — um comportamento que aceita pessoas de todos os tipos em nossos círculos. Em relação aos nossos irmãos na fé, essa atitude de hospitalidade deve ser ainda mais intensa (Gl 6.10). Quando nos separamos de nossas irmãs e as colocamos à margem de nossos círculos por não se encaixarem no padrão que *nós* criamos para a feminilidade, estamos pecando.

Em Lucas 14.15-24, Jesus narra uma parábola que deixou os fariseus e os mestres da lei enraivecidos. Um homem rico decide oferecer um banquete e convida várias pessoas, mas, uma a uma, elas vão inventando desculpas para não aparecer. "Comprei uns bois, não posso ir" ou "Hoje me casei, não vai dar". O homem rico, então, irado, manda que seus servos chamem aqueles que não seriam tradicionalmente convidados: os pobres, os aleijados, os cegos e os coxos. Os servos obedecem e concluem que, mesmo após a chegada de todos esses, ainda há espaço à mesa. O anfitrião, então, decide estender o convite a todas as pessoas nas ruas, ordenando que seus servos obriguem todos a vir e aproveitar a festa. Jesus conclui a parábola dizendo: "Nenhum daqueles que foram convidados [inicialmente] provará do meu banquete" (Lc 14.24).

Por que essa parábola, que era uma história fictícia mas com significado profundo, deixou os fariseus tão irados? Jesus estava declarando que, na verdade, aqueles que pensavam estar garantidos no céu por causa de sua religiosidade não tinham lugar assegurado. Eles foram convidados, mas não quiseram ir. Preferiram sua autossuficiência ao banquete da graça de Deus. Perderam a oportunidade de adentrar o coração do Pai porque preferiram elevar suas próprias tradições a um nível de "salvação" de suas vidas. Queridas irmãs, o alerta de Jesus é grave: aqueles que se julgam suficientemente dignos para ser servos dele precisam olhar para o próprio coração e ver se estão, de fato, confiando no Senhor e em sua graça, ou se confiam nas próprias tradições religiosas. Jesus estendeu sua mesa aos menos esperados. Quem somos nós para retirar as cadeiras de sua mesa, criando regras para o banquete que o próprio anfitrião nunca criou?

Minha irmã, você é bem-vinda à mesa de Jesus, independentemente de sua posição social, de seu estilo estético, de sua etnicidade ou de seu estado civil. Descanse nisso.

Conclusão

A Bíblia diz que Deus é como um artista, um oleiro, e nós somos o barro que ele molda (Is 64.8). Quem somos nós para dizer ao Oleiro que todas as suas obras devem ser exatamente iguais? Se artistas humanos criaram, ao longo da história, milhões de esculturas, pinturas, poemas, músicas, colagens, quão mais criativo é o Supremo Criador? A feminilidade exclusiva é uma tendência que deve ser analisada e criticada de forma bíblica. Creio que, infelizmente, muitas irmãs já foram machucadas por esse pensamento, colocadas em caixas apertadas que não as comportam. Que possamos iniciar uma conversa honesta, analisando nosso coração e nossas motivações, sobre o que realmente significa ser "uma mulher de acordo com a Bíblia". Hoje, quando olho para o filme *Valente*, percebo que a princesa Merida, ainda que não se encaixe no padrão da feminilidade exclusiva, carrega boa parte das características que compõem uma mulher admirável: força, determinação, amor à família e, claro, valentia. Reavaliei meus preconceitos e agora admiro essa personagem. Acredito que todas nós, se estudarmos a fundo o que a Bíblia diz e se reavaliarmos as expectativas que temos a respeito de feminilidade, descobriremos que aquilo que Deus espera das mulheres é muito menos sobre o que é externo — aparência e estado civil — e muito mais sobre o caráter interior.

DEUS DE ORDEM E O MINISTÉRIO FEMININO

Pois Deus não é Deus de desordem, mas de paz. [...]
Tudo deve ser feito com decência e ordem.

1 Coríntios 14.33,40

Se você é cristã há algum tempo, provavelmente já teve, no mínimo, um momento da jornada com Cristo em que pensou: "Por que Deus parece não gostar das mulheres tanto quanto gosta dos homens?". Se formos sinceras, confessaremos que já pensamos, pelo menos uma vez, algo parecido com isso. Para algumas de nós, esses pensamentos duram anos a fio e ficam alojados em uma parte subconsciente de nossa mente, uma dúvida que está sempre lá, ainda que silenciosa. Para outras, a dúvida surge, mas logo se vai. E, em outras ainda, imagino, a dúvida foi tão forte, tão dolorida, que a fé foi abandonada. Como amar e servir a um Deus que parece, de certa maneira, menosprezar as mulheres?

Uma das maiores dificuldades em relação ao texto bíblico que faz muitas mulheres torcerem o nariz é o impedimento da mulher de liderar a igreja de Cristo. Eu mesma brinco com minha filha que, quando ela crescer, pode ser qualquer coisa que quiser, *menos pastora*. É uma piada entre nós, mas não deixa de ser verdade. Realmente acredito que minha filha, que será criada para ser o mais inteligente e capaz possível para a glória de Deus, não pode escolher o pastorado como função na vida. Não será fácil ensinar isso a ela. Eu mesma já lutei com essa questão. Brinco com colegas da área teológica que, se eu tivesse nascido homem, seria pastor, mas, como nasci mulher, sou escritora.

Todas essas afirmações soam bem contrárias ao espírito de nossa época, não é mesmo? Dizer a uma mulher que ela não pode fazer ou ser algo pelo simples fato de ser mulher é o cúmulo da ignorância, de acordo com o pensamento contemporâneo. Entretanto, realmente acredito que é isso que a Bíblia diz. Creio que Deus desenhou uma linha de limite e disse à mulher: "Aqui, não". Como podemos crer nisso sem chegar à conclusão de que Deus nos menospreza (ou pelo menos que gosta de nós um pouquinho menos do que gosta dos homens)?

Limite *versus* liberdade

O feminismo nos diz que nada pode estar fora do alcance das mulheres, e que elas devem ter oportunidades iguais às dos homens, de modo a alcançar todos os seus desejos. É curioso notar que essa atitude não teve origem no feminismo do século 21, nem mesmo no protofeminismo do século 18, mas, sim, na primeira mulher criada. Eva pensou exatamente dessa mesma maneira — ela viu algo que era agradável aos seus olhos e, ignorando as limitações que foram dadas a ela e a seu marido por Deus, elevou suas mãos ao fruto e sua alma ao orgulho de querer ser mais do que aquilo que fora criada para ser.

Elisabeth Elliot, autora norte-americana, escreveu, em seu livro *Deixe-me ser mulher*, que apenas duas criaturas recusaram seu desígnio e propósito originais: alguns anjos e os humanos. Os pássaros, segundo ela, não reclamam do peso de suas asas porque sabem que são exatamente elas que lhes permitem voar livremente pelos céus. Aquilo que parece limitá-los é, na verdade, o que possibilita que sejam realmente livres. Assim também a mulher só será verdadeiramente livre quando compreender que aquilo que parece aprisioná-la é o que, na realidade, a faz voar. Elisabeth disse: "Que tipo de mundo existiria se Eva tivesse recusado a oferta da Serpente e lhe dito: 'Deixe-me não ser como Deus. Deixe-me ser o que fui criada para ser — deixe-me ser mulher'?".[1] Da mesma forma, que tipo de mulheres seríamos se declarássemos o mesmo? Se disséssemos: "Não queremos avançar nem um centímetro sequer além da limitação que Deus estabeleceu para nós"? Será que encontraríamos insatisfação eterna ou verdadeira liberdade?

[1] Elisabeth Elliot, *Let Me Be a Woman* (Carol Stream, IL: Tyndale House Publishers, 1976), p. 16. [No Brasil, *Deixe-me ser mulher: Lições à minha filha sobre o significado de feminilidade.* São José dos Campos: Fiel, 2021.]

A ideia de liberdade total é falsa no que diz respeito à lógica de funcionamento do mundo. Se pilotos de aviões, por exemplo, decidissem quebrar as limitações de suas rotas e seguir por onde bem entendessem, sempre haveria colisões ceifando centenas de vidas. Uma completa rejeição de toda e qualquer limitação não criaria um mundo mais belo; pelo contrário, criaria um mundo caótico e inabitável. A própria natureza, com suas leis acerca da gravidade ou do ciclo de vida via cadeias alimentares, mostra-nos que o mundo criado reflete o senso de ordem do Criador. Dessa forma, na prática, é impossível existir um mundo de liberdade plena, como o pregado por certas ideologias.

Um filme norte-americano intitulado *The Purge*,[2] de 2013, tem um enredo segundo o qual certo governo concede a seus cidadãos uma noite ao ano em que eles têm plena liberdade de fazer o que quer que seja, sem lidar com as consequências civis de seus atos. O objetivo dessa "noite de expurgo" é que as pessoas tenham a oportunidade de dar vazão a seus desejos criminosos e, assim, não ter a necessidade de fazer algo similar em outras ocasiões. *The Purge* nos dá uma ideia, ainda que fictícia, do que aconteceria se, de fato, houvesse uma liberdade absoluta no mundo para que todos dessem vazão a seus desejos imediatos — caos completo e violência generalizada. A Bíblia diz que não há nenhum justo no mundo, nem um sequer (Rm 3.10). Ainda que a graça comum de Deus impeça que todo ser humano seja tão mau quanto é capaz de ser, a verdade é que todos nós carregamos uma natureza pecaminosa — natureza que quer nada menos do que total liberdade para pecar sem consequências.

Assim, podemos ver que as limitações de Deus, que se refletem nas limitações civis de uma sociedade, não somente nos dão liberdade verdadeira como também nos protegem. As limitações que os bons pais impõem a seus filhos, por exemplo, não são reflexo de sua falta de amor, mas, pelo contrário, uma expressão profunda de sua afeição e de seu desejo de protegê-los. Portanto, precisamos confiar que toda

[2] *The Purge*, direção de James DeMonaco, produção de Michael Bay, Universal Pictures, 2013. [No Brasil, lançado sob o título *Uma noite de crime.*]

e qualquer limitação imposta por Deus aos homens, ou às mulheres, flui de seu coração amoroso e de seu desejo de nos proteger.

A ordem de Deus na criação

Talvez você não tenha, de fato, dificuldade para aceitar que o mundo precisa de ordem e que os limites trazem segurança. Talvez seu problema com a ordem estabelecida por Deus acerca do funcionamento de sua igreja consista na limitação aparentemente sexista — por que, afinal, somente as mulheres são impedidas de liderar? De onde vem essa ordem e por que parece tão arbitrária?

Para compreendermos essa questão, precisamos voltar ao começo de tudo — na criação. Quando Deus coloca cada coisa em seu devido lugar nos primeiros cinco dias da criação, podemos observar que tudo tem uma ordem. Os pássaros povoam os céus; os peixes, as águas. O sol ilumina o dia; a lua, a noite. Desde a criação de tudo até hoje, a natureza segue seu rumo ordenado. Não há pombas nas profundezas do oceano, nem baleias nos mais altos céus. O sol não brilha à noite, nem a lua reluz durante o dia.

Depois de colocar tudo na natureza em seu respectivo lugar, seguindo sua ordem, Deus cria o homem e, após formá-lo do pó da terra, dá-lhe instruções e responsabilidades: "Tomou, pois, o SENHOR Deus *ao homem* e o colocou no jardim do Éden para o cultivar e o guardar. E o SENHOR Deus lhe deu esta ordem: De toda árvore do jardim, comerás livremente, mas, da árvore do conhecimento do bem e do mal, não comerás; porque, no dia em que dela comeres, certamente morrerás" (Gn 2.15-16, ARA, grifos meus). Perceba que a mulher ainda não apareceu em cena. E perceba também que a história sequer diz respeito ao homem, que já está em cena, mas sim a Deus. É a voz de Deus, seus pensamentos e ideias, que ouvimos. Com certeza, o homem também tinha emoções. Afinal de contas, ele foi criado à imagem de um Deus de emoções, mas a narrativa bíblica não focaliza as emoções. Gênesis, assim como todo o resto da Bíblia e da História, não diz respeito a nós.

Muitas de nós têm dificuldades com a ordem da criação porque parece que a mulher foi uma ideia posterior de Deus, uma ideia quase não planejada, feita "no susto" para resolver um problema. Entretanto, essa é nossa visão limitada e humana, e não um reflexo do coração ou a intenção original de Deus. Em primeiro lugar, é criado o homem; a mulher é criada dele e para ele (1Co 11.8-9), mas isso não significa que ela seja menos importante ou valiosa. Essa é uma relação que também podemos estabelecer em relação aos animais domésticos, que não são menos importantes por terem sido criados depois dos aquáticos. A ordem não equivale à importância. A mulher é formada do homem, e a narrativa bíblica não nos apresenta Deus dando a ela os mesmos direcionamentos apontados a Adão. É do seu marido que a mulher recebe as instruções acerca do jardim e das responsabilidades que ambos tinham ali. Assim, desde a criação, Deus estabeleceu para o marido a responsabilidade de liderar sua esposa, de lhe mostrar o caminho e ir à frente, de modo a guiá-la e protegê-la. E, na queda, vemos exatamente a subversão dessa ordem com a mulher tomando a iniciativa na conversa com a serpente e liderando seu marido no caminho da desobediência (Gn 3.6).

O Criador é um Deus de ordem e reflete isso em tudo que faz — da natureza às pessoas. O estabelecimento do homem como liderança sobre a mulher não é, como alguns creem, algo que vemos apenas após a queda. Dessa forma, a liderança masculina no lar e, como veremos, na igreja não é um castigo dado por Deus à mulher por haver pecado primeiro; é, antes, um reflexo da ordem estabelecida por ele, antes mesmo de o pecado entrar no mundo. E, como tudo o mais que ele criou, é algo "muito bom".

A ordem de Deus na igreja

Desde a criação do homem e da mulher, Deus nos aponta seu caráter relacional. A Santa Trindade é constituída por um só Deus em essência, mas em três pessoas distintas, o Pai, o Filho e o Espírito Santo; e, quando Deus criou seres à sua imagem e à sua semelhança, ele os fez relacionais. Quando Deus chamou um povo para si em Abraão, ele estava demonstrando seu caráter como um Deus de relacionamento, de aliança, e durante todo o Antigo Testamento nós o vemos ser fiel a um povo infiel. Com a nova aliança estabelecida pelo sangue de Jesus, Deus abre sua mesa não somente aos israelitas, mas, agora, também a todo aquele que deposita sua fé no sacrifício de Cristo, independentemente de nacionalidade, posição social ou sexo (Gl 3.28). Esse novo povo constitui a igreja de Cristo, seu Corpo, sua Noiva. Não causa surpresa, então, que as ordens de relacionamento estabelecidas, tanto na criação como na lei entregue aos israelitas, tenham sido também mantidas em relação ao povo da nova aliança, a igreja.

Em primeiro lugar, vejamos a autoridade eclesiástica masculina no Antigo Testamento. Na lei entregue a Moisés, Deus instituiu sacerdotes homens, e não mulheres. Os sacerdotes eram a liderança espiritual estabelecida por Deus sobre seu povo. Em Levítico 21.1, Deus diz a Moisés: "Diga o seguinte aos sacerdotes, os *filhos* de Arão..." (grifos meus). As filhas de Arão não são convocadas nem destinatárias desses comandos sobre o sacerdócio. É aos filhos que Deus chama para exercer esse ofício de liderança, e importa notar que não foram quaisquer filhos os chamados, mas especificamente os filhos de Arão, que seriam separados e preparados para esse ofício. Aliás, antes mesmo de a lei ser entregue no deserto ao povo, Deus já havia estabelecido sua aliança com os patriarcas — Abraão, seu filho Isaque e seu neto Jacó. Novamente, vemos um chamado aos homens para exercer a liderança desde os primórdios da História — chamado que não diminui em nada a importância das mulheres na aliança de Deus. Sara, Rebeca e Lia foram tão necessárias quanto seus maridos para que a família de Deus se estabelecesse e se multiplicasse, e algumas das mulheres da família de Jesus foram nomeadas na genealogia do Cristo, no primeiro capítulo do Evangelho de Mateus.

Essa fundamentação dos homens como cabeça eclesiástica estabelecida no Antigo Testamento é carregada e mantida no Novo Testamento — veja o chamado de Jesus a doze homens para serem seus apóstolos e, posteriormente, também os líderes de sua igreja. Nos Evangelhos, é evidente que Cristo tinha à sua volta mulheres suficientemente capacitadas para ser liderança eclesiástica, caso ele desejasse chamá-las para cumprir essa tarefa. Entretanto, é somente a certos homens que Jesus confia a liderança principal da igreja que ele estabeleceria para si. Mais uma vez, é importante notar que Cristo chamou não todo homem a isso, mas somente alguns homens *específicos*. E note que tais homens não eram especialmente brilhantes ou capacitados, como podemos ver na tolice e na infidelidade de Pedro ou na incredulidade de Tomé. Jesus chamou homens falhos, capacitando-os, então, para liderar sua igreja. E foi graças ao poder divino, e não ao poder humano, que homens inicialmente fracos tornaram-se líderes fortes, conduzindo os primórdios da igreja com fidelidade até à morte (e a maioria deles foi, de fato, martirizada por causa do evangelho). Assim, fica claro que não é com base no fato de homens serem mais capacitados que mulheres que Deus os posiciona como liderança, mas, sim, com base em uma ordem de relacionamento que ele mesmo escolheu estabelecer.

Ainda que o chamado de Deus à liderança de seu povo se dirija especificamente aos homens, tanto no Antigo como no Novo Testamento encontramos mulheres sendo usadas de forma poderosa para a glória de Deus. Débora foi uma líder civil que conduziu o povo à vitória sobre seus inimigos. Ester foi uma rainha que, corajosamente, recorreu aos seus privilégios para garantir o bem de seu povo. Priscila, ao lado de seu marido, Áquila, corrigiu a teologia do grande pregador Apolo. Febe foi uma serva necessária à igreja primitiva. Síntique e Evódia batalharam ao lado do apóstolo Paulo pela causa do evangelho. Entretanto, ainda que tenham sido usadas poderosamente para o avanço do reino de Deus, nenhuma delas ocupou posição de autoridade eclesiástica sobre o povo, tanto na época da lei como na época da igreja.

Os comandos de Paulo

Não podemos conversar sobre ordem eclesiástica sem falar sobre as cartas do apóstolo Paulo. Os quatro Evangelhos apenas nos permitem inferir que o chamado à liderança eclesiástica se destina a homens específicos, mas é nas cartas paulinas que vemos essa ordem estabelecida de forma clara e direta. Lembre-se de que Paulo foi um plantador de igrejas, iniciando várias congregações em seu ministério itinerante. Ele plantava uma igreja, estabelecia uma liderança local e seguia para o próximo destino ao qual o Senhor o enviava. Suas cartas são, então, a forma que Paulo encontrava de dar a essas "igrejas-bebês" direcionamento acerca de como deveriam funcionar, com o propósito de glorificar o evangelho de Jesus Cristo. Se compreendermos isso, teremos mais clara em nossa mente a ideia de que os comandos paulinos não eram ordens aleatórias ou arbitrárias, mas direcionamentos de um pai na fé a seus filhos e filhas na fé, a quem ele amava e desejava ver crescendo no conhecimento de Cristo.

Em sua carta a Timóteo, um jovem pastor a quem Paulo via como filho, encontramos um dos comandos mais claros acerca do papel da mulher na igreja: "Não permito que a mulher ensine nem que tenha autoridade sobre o homem. Esteja, porém, em silêncio. Porque primeiro foi formado Adão e depois Eva. E Adão não foi enganado, mas sim a mulher que, tendo sido enganada, se tornou transgressora" (1Tm 2.12-14). Como veremos em outras passagens das cartas paulinas, o apóstolo Paulo não baseava seus comandos em contextos culturais e específicos, como alguns pregam ainda hoje, mas em algo que é válido a todas as gerações: a criação do homem e da mulher. Perceba a lógica que ele propõe: Adão foi criado primeiro, Eva depois. Assim, o homem tem autoridade na igreja; a mulher, não. Como já explicamos, a ordem da criação e o comando de Deus dado ao homem, e não à mulher, apresentam uma hierarquia de papéis entre os sexos que se reflete no lar e na igreja. Paulo reforça isso nessa passagem usando tal ordem como justificativa para que a mulher não ensine nem tenha autoridade sobre o homem no contexto eclesiástico.

É importante, entretanto, não criarmos regras para além daquilo que a própria Bíblia diz. Paulo não quer dizer que a mulher nunca pode ensinar ao homem ou que jamais deve ter autoridade sobre ele. Já vimos o exemplo de Débora, que era uma autoridade civil sobre homens, e vimos o caso de Priscila ensinando a Apolo. O próprio apóstolo Paulo diz, em sua carta aos coríntios, que a mulher tinha a liberdade de profetizar e orar na igreja (1Co 11.4-5). Entretanto, a profecia no Novo Testamento era não uma pregação autoritária limitada ao líder eclesiástico, tampouco um predizer do futuro, como vemos no Antigo Testamento. O pastor norte-americano John Piper define a profecia do Novo Testamento como "uma mensagem [...] em palavras humanas, normalmente direcionada aos crentes congregados, com base em revelações espontâneas e pessoais provenientes do Espírito Santo para o propósito de edificação, encorajamento, consolação, convicção ou direcionamento, mas não necessariamente livres de erro humano, necessitando, portanto, de avaliação com base no ensino apostólico (bíblico) e na sabedoria espiritual madura".[3] Assim, as mulheres tinham liberdade nesse tipo de compartilhamento, mas não no ensino autoritário sobre a igreja, que era limitado a homens específicos (1Tm 2.7; 4.11,13,16; 5.17; 6.2).

Podemos concluir, então, que Deus estabeleceu uma ordem na criação acerca da liderança masculina que vemos também refletir-se na lei e na igreja. Entretanto, qual é *o motivo* de Deus haver escolhido o homem, e não a mulher, para isso? Sinceramente, não sei a resposta. Confesso que, em minha limitação e no que creio ser uma escolha de limitação de revelação da parte de Deus, não tenho como lhe dizer por que ele escolheu homens, e não mulheres. Mas creio que, ainda que não entendamos o porquê, dispomos de informações suficientes na Palavra para obedecermos a essa ordem, ainda que não decifremos a razão por trás dela. Creio, de todo o coração, que podemos confiar no amor de Deus em relação a essa ordem aparentemente arbitrária, e descansar que, como em todo o resto, aqui também ele está nos protegendo e cuidando de todos nós. Para mim, isso é suficiente.

Complementarismo *versus* igualitarismo

Acredito que seria desonesto de minha parte não assinalar, aqui, que tais pensamentos acerca da liderança da igreja não são consenso entre o povo de Deus. Há uma linha teológica chamada "igualitarismo",

[3] John Piper, "The New Testament Gift of Prophecy: Definition, Theses and Suggestions", *Desiring God*, 26 de março de 1990, <https://www.desiringgod.org/articles/the-new-testament-gift-of-prophecy>.

que conclui que a Bíblia permite à mulher ter liderança autoritária na igreja, contrapondo-se ao "complementarismo", que é a linha de pensamento teológico defendida até aqui neste livro.

Desde os primórdios da igreja, debate-se a questão do papel ministerial da mulher, mas foi somente na década de 1980 que essas duas linhas de pensamento, pelo menos com essas denominações específicas, se formaram. A década de 1970 foi marcada pelo avanço da Segunda Onda do feminismo e, com isso, também o papel da mulher dentro da igreja começou a ser discutido. Os igualitaristas derivam seu nome da ideia de que Jesus Cristo teria elevado as mulheres a uma posição de igualdade com os homens, refletindo-se, assim, na abertura da liderança eclesiástica a elas. Os complementaristas, em contrapartida, são assim nomeados a partir da ideia de complementaridade dos sexos, em que homens e mulheres, apesar de portarem igualdade de valor e acesso à salvação, são chamados a desempenhar papéis diferentes na igreja e no lar.

É importante registrar que os igualitaristas de hoje são, em sua maioria, aqueles que se separaram na década de 1980 do movimento evangélico feminista, que é mais radical em seus pensamentos e, de fato, converge com o movimento feminista. Os igualitaristas, ainda que defendam a autoridade eclesiástica feminina, fazem isso não com base no feminismo, mas em interpretações bíblicas. É importante traçarmos essa distinção, porque seria desonesto afirmar que aqueles que defendem que a mulher pode ser pastora sempre o fazem com base em pressupostos antibíblicos. Pelo contrário, esses irmãos em Cristo leram as mesmas passagens que eu, mas chegaram a conclusões interpretativas distintas. Isso não quer dizer que a Bíblia seja uma para eles e outra para mim. A verdade de Deus é perfeita e inerrante, mas, como humanos, não ostentamos as mesmas características, razão pela qual trazemos nossas limitações à interpretação bíblica.

Há um conceito teológico, chamado "triagem doutrinária", que nos ajuda a compreender como é possível que os crentes cheguem a conclusões tão diferentes acerca dos mesmos temas bíblicos. A ideia vem de um ambiente de triagem em um hospital — alguém chega gripado, outro com um dedo quebrado e outro ainda com um ferimento de arma de fogo. Qual deles deve ser tratado primeiro? É essa a noção que precisamos ter quando nos aproximamos do debate entre doutrinas: certas questões teológicas são primárias em sua importância, como disse Paulo em sua carta aos coríntios acerca do evangelho, que foi o que ele primariamente pregou (1Co 15.3); outras questões, porém, não são prioridades, de modo que não precisam causar divisões ou discussões, como Paulo deixa claro em sua carta aos romanos (Rm 14.1). As questões secundárias e terciárias podem e devem ser debatidas, mas não podem ser tratadas como motivo para excluir alguém da fé. A questão do pastorado feminino é considerada, por muitos teólogos, uma questão doutrinária secundária, ou seja, acaba trazendo divisão de denominações, mas não determina a validação da fé.

Os igualitaristas, defensores de que as mulheres têm liberdade para exercer a liderança autoritária na igreja, geralmente não são membros das mesmas igrejas que os complementaristas. Isso acontece porque a prática da fé, no contexto de culto, é diferente para esses irmãos, de modo que se espera que eles congreguem em igrejas separadas. Os presbiterianos e os batistas, por exemplo, que discordam acerca da questão do batismo (também uma doutrina secundária), não congregam nas mesmas igrejas, mas não consideram uns aos outros como estando fora da fé. Como complementarista, devo reconhecer que, embora eu defenda meu posicionamento bíblico como a interpretação correta das Escrituras, não sou "mais cristã" que meus irmãos na fé que discordam de mim. Isso é importantíssimo.

Gavin Ortlund, em seu livro *Finding the Right Hills to Die On*, disse acerca desse tema: "Eu sou um complementarista e acredito que há princípios para além da cultura local em passagens como Efésios 5 e 1Timóteo 2. Mas não estaremos mostrando respeito suficiente por esse assunto ou por aquelas pessoas de quem discordamos se agirmos como se a interpretação dessas passagens fosse tão óbvia que qualquer divergência da visão complementarista deve significar um comprometimento voluntário [da verdade]".[4] O que ele quer dizer

[4] Gavin Ortlund, *Finding the Right Hills to Die On: The Case for Theological Triage* (Wheaton, IL: Crossway, 2020), p. 121.

é que as passagens acerca do papel da mulher na igreja não são tão claras de modo a existir somente uma interpretação lógica para elas. Essas passagens são complicadas e delicadas, e seria desonestidade intelectual dizer que qualquer pessoa que não pensa de maneira X ou Y acerca delas está, obviamente, cega. Temos de mostrar muito mais humildade acerca desse assunto do que tenho visto até aqui em muitos sermões, debates, artigos e postagens em redes sociais.

Após fazer esse adendo necessário acerca de nossa devida humildade, posso declarar com firmeza que, ao contrário dos igualitaristas, não acredito que a Bíblia pregue igualdade plena entre os sexos. Aliás, a noção de igualdade, da forma como é percebida em nossa cultura contemporânea, não é vista na Bíblia como um todo. Já vimos que homem e mulher foram criados igualmente à imagem de Deus e com valor intrínseco, mas isso não implica a inexistência de diferença entre eles.

Alguns igualitaristas defendem que Jesus aboliu todas as diferenças entre os humanos, usando como base para essa ideia o que Paulo declarou em sua carta aos gálatas: "Todos vocês são filhos de Deus mediante a fé em Cristo Jesus, pois os que em Cristo foram batizados, de Cristo se revestiram. Não há judeu nem grego, escravo nem livre, homem nem mulher; pois todos são um em Cristo Jesus" (Gl 3.26-28). Entretanto, esse verso não está tratando de *igualdade*, mas, sim, de *inclusão*. É muito importante compreendermos a diferença entre esses termos. O reino de Deus inclui pessoas de todos os tipos — homens, mulheres, ricos, pobres, livres, escravos —, pois todo aquele que crê no sacrifício de Jesus Cristo é aceito na mesa divina. Mas note que o verso de Gálatas está tratando justamente de salvação, e não de posicionamento ou papel social. O grego não deixa de ser grego quando se converte, da mesma forma que o livre não deixa de ser livre. Assim também, o homem permanece homem, e a mulher, mulher. Nossos papéis sociais não são automaticamente cancelados quando nos tornamos cristãos. O termo original traduzido como "são um" em Gálatas 3.28 é *heis*, que traz justamente essa noção de unidade, e não *isos*, que seria o termo para "igual". Não somos iguais em Cristo; somos um, ainda que diferentes.

Jesus não anula as diferenças daqueles que se achegam a ele; pelo contrário, ele inclui todos sem ignorar as diferenças. A família de Deus é uma família de diferentes que aprendem a viver como irmãos. A própria denominação da igreja como "corpo de Cristo" nos dá justamente essa noção de membros diversos que, juntos, formam um só corpo, bem-ajustado e funcional (1Co 12).

Complementarismo amplo *versus* complementarismo estreito

Esse assunto do papel da mulher na igreja é tão complexo que, mesmo dentro da própria visão complementarista, há divisões de pensamento e discordâncias. Recentemente, teve início um debate a respeito de duas possíveis visões dentro do complementarismo, com base em um artigo de Kevin DeYoung, pastor norte-americano.[5] A primeira linha de pensamento — denominada por DeYoung como "ampla" — sustenta que ser homem ou mulher traz implicações não somente para o contexto da igreja ou do casamento, mas também para nossa vida como um todo, devendo, portanto, refletir-se em toda a sociedade e em nossa ação nela. A segunda visão, a "estreita", entende que a Bíblia aponta as diferenças entre homens e mulheres como tendo implicações práticas não para a vida ou a sociedade como um todo, mas apenas no contexto da igreja ou do casamento.

Particularmente, defendo a visão estreita do complementarismo. Como já assinalei, creio que Deus nos criou como seres diferentes, com base em nosso sexo, mas que, antes de focarmos nossas diferenças, precisamos focar nossas similaridades. Aliás, a própria Bíblia faz isso ao apontar para a similaridade dos sexos em Gênesis 1 e para as diferenças em Gênesis 2. Primeiro, o relato bíblico mostra que ambos os sexos foram criados à imagem de Deus e que a ambos foi dado o Mandato Cultural. Depois, vemos o relato mais detalhado e

[5] Kevin DeYoung, "Four Clarifying (I Hope) Thoughts on the Complementarian Conversation", *The Gospel Coalition*, 7 de maio de 2020, <https://www.thegospelcoalition.org/blogs/kevin-deyoung/four-clarifying-i-hope-thoughts-on-the-complementarian-conversation>.

específico da criação da mulher a partir do homem e para o homem: ela é *ezer*; ele, não. Creio que exista significância na ordem que vemos em relação à criação do homem e da mulher como primariamente iguais, ainda que também sejamos diferentes. Assim, acredito que criar uma visão segundo a qual as diferenças entre os sexos afetam amplamente homens e mulheres, abrangendo absolutamente tudo em suas vidas, implica ir além daquilo que a própria Bíblia estabelece.

Nossa ontologia, ou seja, nossa essência, é a de seres humanos que são *imago Dei*. Para além disso, como cristãos, nossa nova natureza aponta para uma essência de servos que são chamados a tomar sua cruz e seguir Cristo. Nenhuma dessas características depende de sexo. As diferenciações que vejo a Bíblia estabelecer para homens e mulheres estão no contexto específico da igreja (1Tm 2) e do casamento (Ef 5.22-24). A autoridade masculina estabelecida por Deus foi sempre em um sentido de família — eles são a cabeça tanto na família de Deus, a igreja, como no lar. Para além disso, creio, não há restrições de liderança feminina na sociedade em contextos civis. Vemos isso especificamente na história de Débora, que, como já vimos, foi uma líder civil do povo de Deus. Débora não era sacerdotisa, portanto não liderava espiritualmente o povo. Mas, em seu papel de juíza, Débora liderou o povo de maneira social e civil.

Quando o complementarismo amplo prescreve que o sexo deveria afetar a atuação das mulheres na sociedade, impedindo-as de exercer determinadas profissões ou de desempenhar alguns papéis civis, acredito que está indo além das limitações que a própria Bíblia estabelece. De fato, essa visão é a base para aquilo que denominamos, no capítulo anterior, de feminilidade exclusiva — quando associamos os papéis sociais e eclesiásticos dos sexos à sua ontologia, sua essência, abrimos espaço para práticas que limitam mulheres e homens a certas "caixas", excluindo qualquer um que não caiba nelas, além de estabelecer determinadas leis de homens que se revelam pesadas nos ombros do povo de Deus. Assim como a feminilidade exclusiva, acredito que o complementarismo amplo ignora a criatividade de Deus na individualidade de seres humanos e estende a ordem divina para áreas em que o próprio Deus não o fez.

Mas, então, o que a mulher pode fazer?

Com frequência, recebo perguntas do tipo: "Qual é o ministério da mulher?". Em outras palavras, "Afinal, o que a mulher pode fazer?". Acho esse questionamento curioso porque acredito que esquecemos o que a palavra "ministério" significa. Em uma época em que tudo virou ministério — ministério de dança, de louvor, de crianças, de mulheres —, acabamos por empregar o termo como um substituto para "grupo de". Mas ministério nada mais é do que "serviço". Quando Jesus Cristo disse que "não veio para ser servido, mas para servir" (Mt 20.28), ele basicamente disse que "não veio para ser ministrado, mas para ministrar".

Se ministério nada mais é do que serviço, creio que, às mulheres, estão abertos quaisquer tipos de ministérios eclesiásticos que não sejam o pastorado, dos mais simples aos mais complexos. Como complementarista estreita, acredito que a mulher pode ensinar aos homens tanto em aulas como em contexto de pequenos grupos, devendo ser excluídas tão somente da pregação autoritária, que deve ser feita pelo pastor. Mulheres podem falar em conferências, escrever livros, lecionar aos grandes e aos pequenos. Mulheres também podem exercer seus dons em trabalhos fora dos "holofotes", em serviços de hospitalidade, administração, organização e cuidados, entre outros. Mulheres podem, e devem, evangelizar, tanto em palavras como em ações, demonstrando o reino de Deus em seu cotidiano.

Dei alguns exemplos práticos para que a conversa não fique somente no âmbito teórico, mas creio que, quando questionamos "o que a mulher pode fazer", talvez estejamos limitando o diálogo. Talvez fosse mais produtivo perguntar o que é, de fato, a igreja. Se somos todos chamados a ser uma família, isso significa que teremos "pais" e "mães", "irmãos" e "irmãs". Assim, se somente os homens assumem papéis de ensino e liderança na igreja, para além do pastorado, então acabamos nos tornando uma "família de pai solteiro". Se ouvimos apenas as vozes masculinas, estamos criando uma igreja aleijada, incompleta e incapacitada de, verdadeiramente, cumprir seu papel no mundo. Lembremos que a mulher é a *ezer*, a aliada necessária, sem a qual o homem não desempenha seu papel no Mandato Cultural de Gênesis. Mas ela é também a aliada necessária sem a qual a igreja não cumpre seu papel na Grande Comissão. Assim como a mulher é biologicamente necessária para a multiplicação física do ser humano, também é espiritualmente necessária para a multiplicação dos discípulos nascidos de novo na família de Deus.

Conclusão

Deus, desde a gênese do universo, revela-nos seu caráter de ordem — tudo, em sua imensa e incrível criação, ocupa o lugar devido. A mulher não é exceção e, quando compreendemos isso, podemos mais facilmente assimilar por que certos papéis não são entregues a nós — aqui incluída a liderança eclesiástica autoritária. Se, ao olharmos para a Bíblia, nos sentirmos pouco amadas por Deus, isso significa que é preciso ajustarmos nosso olhar. Quando você olha para as Escrituras, vê a cruz do Salvador e enxerga a vontade de Deus em derramar sua ira sobre seu Filho? Vê a disposição voluntária do Filho em receber o castigo que você merecia em seu lugar? O amor de Deus por homens *e mulheres* jamais pode ser contestado porque a cruz existe. Quando Deus impõe limitações às suas filhas, elas fluem de seu imenso e incomparável amor. A ordem de Deus na diferenciação dos sexos e na separação de responsabilidades na igreja é uma bênção que precisa ser abraçada por nós e recebida com alegria, como um presente amoroso de nosso Pai. A lógica de inclusão no reino também não nos permite olhar para as mulheres como se estivessem à margem do cristianismo. Somos tão bem-vindas à mesa divina quanto nossos irmãos, ainda que tenhamos papéis diferentes dos deles. Queridas, não experimentaremos verdadeira liberdade até recebermos de mãos abertas o perfeito e ordenado desígnio divino para as mulheres.

5

DEUS DE ALIANÇA E A SUBMISSÃO FEMININA

Dei-te juramento e entrei em aliança contigo,
diz o Senhor Deus; e passaste a ser minha.

Ezequiel 16.8b, ARA

Conta a lenda que a filósofa feminista Simone de Beauvoir teria dito: "Nossos ovários não nos condenam a uma vida de submissão". Por mais que eu tenha procurado, inclusive em sua obra mais célebre, *O segundo sexo*, não encontrei uma fonte segura que confirmasse sua autoria. Entretanto, independentemente de terem sido proferidas por ela ou não, essas palavras bem resumem a forma como nossa sociedade atual enxerga a temática da submissão: como uma prisão, uma condenação.

Quando pesquisei no *Dicionário Aurélio da Língua Portuguesa* o significado do termo "submissão", encontrei: "obediência irrestrita; condição de quem teve sua liberdade retirada; dependência". Assim, não causa surpresa que alguns cristãos se posicionem totalmente contrários à ideia bíblica de submissão no casamento. Afinal, segundo pensam, como é possível um Deus de amor, que criou homens e mulheres com igual valor, como já vimos, colocar um dos sexos em uma condição de ter sua liberdade diminuída?

Eles têm razão em sua lógica, mas não em sua conclusão, creio eu. De fato, Deus não colocaria as esposas em uma posição de escravidão aos maridos, como possivelmente pensava Simone de Beauvoir. Não é isso, contudo, que a submissão bíblica requer. Porém, para iniciarmos essa conversa, é necessário que, em primeiro lugar, sejamos capazes de compreender o coração do Deus que ordenou a submissão da esposa no casamento.

Deus de eterna aliança

Em Gênesis 15, lemos que Deus estabelece aliança com seu servo Abrão. Em uma visão dada ao patriarca, o Senhor promete que dele viria uma descendência mais numerosa do que as estrelas do céu, e Abrão creu nessa promessa. Deus, então, ordena que ele traga "uma novilha, uma cabra e um carneiro, todos com três anos de vida, e também uma rolinha e um pombinho" (Gn 15.9). Abrão corta os animais ao meio, à exceção das aves, e posiciona as metades umas em frente às outras. Essa ação completamente incomum para nós era comum naquela época, como uma forma de contrato, de aliança. Duas pessoas estabelecendo um contrato passariam pelo meio dos animais cortados, simbolizando que, se não cumprissem sua parte no acordo, aceitariam que se fizesse com elas como fora feito com os animais.[1] Nessa ocasião, entretanto, Deus não ordena que Abrão ande com ele por entre os animais, como era de costume; Deus faz isso sozinho. O próprio Senhor passa com sua presença em forma de fogo entre as carcaças, e a Bíblia diz: "Naquele dia, o SENHOR fez [uma] aliança com Abrão" (Gn 15.18).

Se conseguirmos olhar para além da imagem bizarra de carcaças sangrentas cortadas ao meio, podemos ver o coração de Deus nessa passagem de uma forma maravilhosa. Quando o Senhor passa sozinho entre os animais, está dizendo: "Abrão, eu sei que você não é capaz de manter seu lado da promessa porque, humanamente falando, seria impossível você ter filhos" (Abrão era muito velho). Deus sabia que a promessa só poderia cumprir-se se ele chamasse para si toda a responsabilidade e as consequências na hipótese de não cumprimento (lembre-se do significado desse ritual). Quando Deus faz aliança com humanos, sabe que somos pó e que apenas ele poderá, de fato, cumprir não somente seu lado da promessa, como também o outro lado, ou seja, ambos.

[1] Veja essa mesma ideia na passagem de Jeremias 34.18: "Entregarei os homens que violaram a minha aliança e não cumpriram os termos da aliança que fizeram na minha presença quando cortaram o bezerro em dois e andaram entre as partes do animal".

A aliança que Deus fez com Abrão (posteriormente chamado Abraão) foi eterna. A descendência que Deus prometeu ao patriarca, o povo de Israel, abandonou o Senhor vez após vez, escolhendo adorar aos deuses das nações pagãs ao seu redor. Veja, se Deus tivesse ordenado que Abrão passasse pelas carcaças com ele, então o povo de Israel deveria ter recebido fogo dos céus que os cortasse ao meio, pois o Antigo Testamento está repleto de histórias do povo quebrando sua parte nos tratos. Mas Deus sabia que o povo seria de dura cerviz. Ele sabe que os humanos são absolutamente corrompidos e que, caso sua misericórdia não nos alcance e transforme, continuaremos nos rebelando contra seu amor. Então, Deus toma sobre si toda a responsabilidade de cumprir a própria promessa, cabendo a Abraão apenas crer (o que, de fato, ele cumpre).

Uma das passagens da Bíblia que mais me sensibilizam está em Ezequiel 16. Deus, de forma profundamente poética, descreve a aliança que faz com sua noiva, o povo de Israel. Vou deixar a Bíblia falar por si mesma. Então, peço que você tenha paciência e leia essa longa passagem comigo. Saboreie a beleza (e a dura advertência) dessas palavras que saíram da boca do próprio Deus.

> Veio a mim a palavra do Senhor, dizendo: Filho do homem, faze conhecer a Jerusalém as suas abominações; e dize: Assim diz o Senhor Deus a Jerusalém: [...] Quanto ao teu nascimento, no dia em que nasceste, não te foi cortado o umbigo, nem foste lavada com água para te limpar, nem esfregada com sal, nem envolta em faixas. Não se apiedou de ti olho algum, para te fazer alguma destas coisas, compadecido de ti; antes, foste lançada em pleno campo, no dia em que nasceste, porque tiveram nojo de ti.
>
> Passando eu por junto de ti, vi-te a revolver-te no teu sangue e te disse: Ainda que estás no teu sangue, vive; sim, ainda que estás no teu sangue, vive. Eu te fiz multiplicar como o renovo do campo; cresceste, e te engrandeceste, e chegaste a grande formosura; formaram-se os teus seios, e te cresceram cabelos; no entanto, estavas nua e descoberta. Passando eu por junto de ti, vi-te, e eis que o teu tempo era tempo de amores; estendi sobre ti as abas do meu manto e cobri a tua nudez;

> dei-te juramento e entrei em aliança contigo, diz o Senhor Deus; e passaste a ser minha. [...] Correu a tua fama entre as nações, por causa da tua formosura, pois era perfeita, por causa da minha glória que eu pusera em ti, diz o Senhor Deus.
>
> Ezequiel 16.1-8,14, ARA

Israel era como um bebê rejeitado desde o nascimento, jogado no campo ainda com o sangue e os fluidos do parto sobre si. Deus, passando por essa criança de quem todos tiveram nojo, a amou. Ele a abraça ainda bebê e, quando ela cresce, casa-se com ela, adornando-a com joias e vestidos dignos de uma rainha. Observe que é por causa da glória de Deus, e não da noiva, que ela é perfeita. Ela se torna tão bela que passa a ser notada por todas as nações ao seu redor. Mas veja como o orgulho precede a ruína dessa bela mulher (que é, não se esqueça, o povo de Israel descendente de Abraão).

> Mas confiaste na tua formosura e te entregaste à lascívia, graças à tua fama; e te ofereceste a todo o que passava, para seres dele. [...]. Tomaste as tuas joias de enfeite, que eu te dei do meu ouro e da minha prata, fizeste estátuas de homens e te prostituíste com elas. [...] Demais, tomaste a teus filhos e tuas filhas, que me geraste, os sacrificaste a elas, para serem consumidos. Acaso, é pequena a tua prostituição? Mataste a meus filhos e os entregaste a elas como oferta pelo fogo. Em todas as tuas abominações e nas tuas prostituições, não te lembraste dos dias da tua mocidade, quando estavas nua e descoberta, a revolver-te no teu sangue. [...]
>
> Quão fraco é o teu coração, diz o Senhor Deus, fazendo tu todas estas coisas, só próprias de meretriz descarada. [...] Portanto, ó meretriz, ouve a palavra do Senhor. Assim diz o Senhor Deus: Por se ter exagerado a tua lascívia e se ter descoberto a tua nudez nas tuas prostituições com os teus amantes; e por causa também das abominações de todos os teus ídolos e do sangue de teus filhos a estes sacrificados, eis que ajuntarei todos os teus amantes, com os quais te deleitaste, como também todos os que amaste, com todos os que aborreceste; ajuntá-los-ei de todas as partes contra ti e descobrirei as tuas vergonhas diante deles, para que todos as vejam. Julgar-te-ei

como são julgadas as adúlteras e as sanguinárias; e te farei vítima de furor e de ciúme.

Ezequiel 16.15,17,20-22,30,35-38, ARA

Uau! Dê uma pausa na leitura para respirar e refletir sobre essas palavras incrivelmente pesadas e duras. Israel passou de esposa a prostituta descarada. Nessa passagem, fica claro que os humanos não conseguem manter sua aliança com Deus. Veja que, em toda essa história, o Senhor permaneceu como esposo fiel enquanto Israel "deitava-se" com todos os povos ao seu redor, chegando ao ponto de sacrificar os próprios filhos aos deuses deles. Israel quebrou, descarada e cruelmente, a aliança que Deus fizera com eles desde Abraão, passando pela lei que ele entregara a Moisés no deserto, e que o povo jurou manter (Js 1.16-18).

Talvez, ao ler essa passagem, você se sinta sem esperança. De fato, se a Bíblia terminasse em Ezequiel, quão triste seria a realidade humana! Israel e todos nós quebramos nossa parte da aliança, mas Deus tomou sobre si ambos os lados e os cumpriu. Veja — nós quebramos a lei de Deus. Cada um de nós. Não somente Israel, milhares de anos atrás. Eu e você — hoje. A Bíblia nos diz que todos pecaram e não há um só justo no mundo (Rm 3.10-12), mas também nos promete que Deus manteve sua parte na aliança ao enviar seu único Filho, o Cordeiro Perfeito para o sacrifício, aquele que morreu em nosso lugar. Israel precisava fazer sacrifícios por seus pecados constantemente, mas, quando o Cordeiro de Deus morreu em uma cruz romana, pagou de uma vez por todas por nossos pecados. Em sua carta aos romanos, o apóstolo Paulo disse: "Aquilo que a Lei fora incapaz de fazer por estar enfraquecida pela carne, *Deus o fez*, enviando seu próprio Filho, à semelhança do homem pecador, como oferta pelo pecado" (Rm 8.3, grifos meus). Jesus cumpriu a lei que nós jamais conseguiríamos cumprir. Ele estabeleceu, de uma vez por todas, a aliança eterna de Deus com seus amados. Você sabia que a palavra "testamento", que costumamos usar para separar a Bíblia em duas partes, significa "aliança"?[2] O Antigo Testamento nos fala da antiga aliança, aquela que Deus fez com Israel; o Novo Testamento, da nova aliança, aquela selada pelo sangue do Filho de Deus, que o Pai fez com todo aquele que crê no Filho. A Bíblia como um todo nos mostra um Deus de aliança que fielmente mantém seu amor, mesmo quando os seres humanos quebram (*sempre*) a parte do trato que lhes compete.

> Louvem o SENHOR, todas as nações;
> exaltem-no, todos os povos!
> Porque imenso é o *seu amor leal por nós*,
> e *a fidelidade do SENHOR dura para sempre.*
> Aleluia!
>
> Salmos 117.1-2, grifos meus

Faço coro com o salmista — Deus é fiel para sempre. Aleluia!

A aliança dos homens

Quando eu e meu marido ficamos noivos, esbarramos em um pequeno problema: a aliança. Beau é americano, e a cultura deles propõe que o rapaz dê à moça uma aliança com uma pedra, geralmente um diamante, e que ele mesmo não use aliança alguma até o casamento. Eu disse ao Beau que preferia seguir a tradição brasileira da aliança dourada e circular, sem pedras, ainda que tivesse aceitado que ele mesmo não usasse aliança durante o noivado. No dia do pedido de casamento, Beau me surpreendeu com um meio-termo: uma aliança dourada e circular com treze pequeninos diamantes cravejados. Fiquei muito feliz e satisfeita... Até três dias antes do casamento. Sim, três dias antes da cerimônia, mudei de ideia (mulheres!) e declarei: "Quero uma aliança no estilo americano!". E não

[2] D. A. Carson, "A Little Introduction to Covenants", *Desiring God*, 4 de novembro de 2016, <https://www.desiringgod.org/interviews/a-little-introduction-to-covenants>.

é que meu gracioso futuro esposo conseguiu realizar meu pedido a tempo? *Bless his heart!*

O casamento humano traz a ideia da aliança em um anel — um círculo sem começo nem fim que simboliza um relacionamento feito para ser eterno. Infelizmente, nossa sociedade, ainda que tenha mantido a tradição dos anéis matrimoniais, perdeu a noção de eternidade que uma aliança deveria ter. Dados brasileiros apontam que casamentos não só são menos frequentes hoje como também o número de divórcios só faz crescer.[3] No fatídico ano de 2020, o número de divórcios cresceu ainda mais, com alguns especialistas apontando a pandemia (ou melhor, a quarentena) como causa. Na verdade, essa tendência foi vista não só no Brasil, como também no mundo todo. É como se os cônjuges tivessem percebido, ao serem obrigados a conviver durante todo o dia, que — vejam só! — não gostam um do outro.

É importante que nós, como cristãos, compreendamos que o Deus que estabeleceu o casamento como uma aliança até a morte entre um homem e uma mulher não mudou. O mundo mudou — o casamento agora pode ser homoafetivo, pode ser quebrado, pode ser considerado autêntico, ainda que não seja realizado em cartório... Só Deus sabe o que mais o homem inventará para ir contra o estabelecimento divino da união matrimonial.[4] Mas podemos descansar no fato de que Deus não muda, ainda que nós e nossos costumes, sim. E é aqui que começamos a falar de forma mais direta sobre o tema deste capítulo: a submissão feminina no casamento. O motivo de eu trazer esse tema aqui é justamente porque creio, de todo o meu coração, que Deus estabeleceu essa ordem. E agora que já compreendemos mais sobre o coração de Deus acerca de alianças, agora que já vimos como ele é

[3] "Número de casamentos cai 1,6% e divórcios aumentam 3,2% entre 2017 e 2018", *UOL*, 4 de dezembro de 2019, <https://noticias.uol.com.br/cotidiano/ultimas-noticias/2019/12/04/numero-de-casamentos-cai-16-e-divorcios-aumentam-32-entre-2017-e-2018.htm>.

[4] É importante e necessário acrescentar que compreendo a possibilidade de divórcio em casos de infidelidade sexual, de acordo com aquilo que Jesus ensinou em Mateus 5.31-32, e, como defenderei no capítulo 9, em casos de abuso. Também sinto empatia por quem foi abandonado por seu cônjuge, ainda que preferisse ficar e lutar por seu casamento. Todo o meu amor e minhas orações a esses amados irmãos e irmãs.

imutável em seu amor e em sua fidelidade, podemos aprofundar-nos naquilo que ele ordenou aos sexos dentro do casamento. Agora podemos olhar para a submissão, um assunto tão controverso, sabendo que ela foi ordenada não por um Deus distante e carrasco, mas, sim, por um Deus de profundo e eterno amor. Espero que isso ajude seu coração e sua mente a estarem mais abertos ao conceito de submissão, caso esse tema seja de difícil compreensão ou aceitação para você.

Definindo a submissão

No começo deste capítulo, vimos que o dicionário traz como definição de submissão acepções como perda de liberdade ou obediência irrestrita. A Bíblia, entretanto, nos dá uma visão diferente. A passagem bíblica provavelmente mais famosa acerca desse tema está na carta do apóstolo Paulo aos Efésios, no capítulo 5.

> Portanto, sejam imitadores de Deus, como filhos *amados*, e vivam *em amor*, como também Cristo *nos amou* e *se entregou por nós* como oferta e sacrifício de aroma agradável a Deus.
>
> Efésios 5.1-2, grifos meus

Amo a abertura deste capítulo. Quando a carta de Efésios foi escrita, não era separada em capítulos ou versos. Isso só aconteceu algum tempo depois, quando a Bíblia foi catalogada, com a criação dessa divisão para nos ajudar a estudá-la. Entretanto, ainda que a divisão não existisse, creio que o apóstolo Paulo escolheu propositalmente iniciar a seção com esse verso. Observe as partes que grifei — o tema do amor, de Deus por nós e nosso para com nossos irmãos, aparece repetidas vezes. Creio que Paulo estava fazendo o que tentei fazer no começo deste capítulo, mostrando o coração de Deus por nós e apontando que é o amor que deve motivar as ordens que ele daria em seguida.

Então, mais à frente, em Efésios 5.21, o apóstolo escreve:

> Sujeitem-se uns aos outros, por temor a Cristo.

O verso 21 é usado por algumas pessoas como base para dizer que a submissão deve ser mútua e não exclusiva das esposas (ou dos filhos e escravos). Entretanto, esse verso não cancela os que vêm em seguida; na verdade, ele resume os subsequentes. Até mesmo aqueles que são colocados em posição de autoridade — maridos, pais e senhores — devem compreender que, como cristãos, precisam agir com humildade em relação àqueles que estão sob sua autoridade. O respeito recíproco é uma temática bíblica que não depende de posicionamento social. Portanto, esse verso é uma abertura geral às ordens específicas que se seguem.

> Mulheres, sujeite-se cada uma a seu marido, como ao Senhor, pois o marido é o cabeça da mulher, como também Cristo é o cabeça da igreja, que é o seu corpo, do qual ele é o Salvador. Assim como a igreja está sujeita a Cristo, também as mulheres estejam em tudo sujeitas a seus maridos.
>
> Maridos, ame cada um a sua mulher, assim como Cristo amou a igreja e entregou-se por ela para santificá-la, tendo-a purificado pelo lavar da água mediante a palavra, e para apresentá-la a si mesmo como igreja gloriosa, sem mancha nem ruga ou coisa semelhante, mas santa e inculpável. Da mesma forma, os maridos devem amar cada um a sua mulher como a seu próprio corpo. Quem ama sua mulher, ama a si mesmo. Além do mais, ninguém jamais odiou o seu próprio corpo, antes o alimenta e dele cuida, como também Cristo faz com a igreja, pois somos membros do seu corpo. "Por essa razão, o homem deixará pai e mãe e se unirá à sua mulher, e os dois se tornarão uma só carne." Este é um mistério profundo; refiro-me, porém, a Cristo e à igreja. Portanto, cada um de vocês também ame a sua mulher como a você mesmo, e a mulher trate o marido com todo o respeito.
>
> Efésios 5.22-33

No grego original, o termo "submissão" traz uma noção militar acerca de estar sob a autoridade de alguém, como um soldado se vê sob a autoridade do capitão do exército. Portanto, quando Paulo comanda às esposas que estejam submissas a seus maridos, não temos como fugir do que isso implica — as esposas devem estar sob a autoridade dos maridos. Entretanto, Paulo não traz esse comando firme e claro de forma arbitrária; ele nos apresenta uma motivação poderosa, um porquê. Veja bem, o casamento não diz respeito a nós. Vivemos em uma sociedade que quer nos dizer que o casamento existe para felicidade e prazer pessoal, mas a Bíblia deixa claro que o matrimônio não foi criado somente para a alegria pessoal dos envolvidos (ainda que traga isso também, pela graça de Deus); na verdade, o casamento funciona como uma sombra, como o símbolo de algo muito maior e eterno, que é o relacionamento de Cristo e da igreja. Nossos casamentos terrenos são temporários e falhos, mas o relacionamento entre Cristo e sua Noiva é eterno. E, como tudo que é eterno, é muito mais importante do que aquilo que é passageiro.

Note que Paulo passa mais tempo em sua carta falando sobre o relacionamento de Cristo com a igreja do que de casamento. "Este é um mistério profundo", diz ele. "Refiro-me, porém, a Cristo e à igreja." O grande foco dessa passagem é, portanto, esse mistério profundo. É necessário que alinhemos nosso foco dessa maneira; caso contrário, cairemos no erro de acreditar que a dinâmica de autoridade e submissão no casamento seria algo arbitrário. Não é. Paulo é bastante claro: o marido tem autoridade porque reflete Cristo; e a esposa é submissa porque reflete a igreja. Essa é a motivação; essa é a causa.

Responsabilidades mútuas

Muitas críticas à submissão bíblica da esposa se dão em relação ao abuso, ao forçar a mulher a se submeter. Entretanto, a ordem de Paulo é a cada mulher especificamente. Note que ele se dirige diretamente a elas. Paulo não diz: "Maridos, forcem suas esposas à submissão"; ele ordena às mulheres que se submetam aos seus maridos. A submissão bíblica é voluntária — a mulher a entrega por escolha própria, consciente e inteligente. Paulo não considerava que a mulher fosse incapaz de tomar decisões sobre a própria vida, ao contrário daquilo que a cultura cria ao seu redor. Ele atribuiu às mulheres a responsabilidade de se submeter, crendo que suas irmãs em Cristo seriam capazes de obedecer a Deus por vontade própria, com a ajuda do Espírito Santo, que habita tanto nelas como em seus maridos.[5]

Em sua carta aos irmãos coríntios, depois de tratar do tema da autoridade masculina, o apóstolo Paulo declara: "No Senhor, todavia, nem a mulher é independente do homem, nem o homem independente da mulher" (1Co 11.11). Perceba que a hierarquia de papéis não cancela a interdependência dos sexos — o marido não domina a esposa nem comanda sua submissão, e a esposa não comanda o amor sacrificial do marido. Ambos dependem um do outro, ambos são responsáveis diante de Deus, como cristãos, a assumir seus papéis dentro da união matrimonial. Em outra passagem da mesma carta, Paulo traz novamente esse conceito de reciprocidade: "O marido deve cumprir os seus deveres conjugais para com a sua mulher, e da mesma forma a mulher para com o seu marido. A mulher não tem autoridade sobre o seu próprio corpo, mas sim o marido. Da mesma forma, o marido não tem autoridade sobre o seu próprio corpo, mas sim a mulher" (7.3-4).

Note que o apóstolo Paulo, que comanda a diferença de papéis, também comanda a reciprocidade. As duas coisas não se anulam. Se pendermos demais para a reciprocidade, cairemos no erro de achar que o marido e a esposa desempenham os mesmos papéis e têm liberdade para agir exatamente da mesma forma dentro do casamento. Mas, se pendermos para o outro lado, criaremos casamentos abusivos em que o marido se torna o rei do lar, e a esposa, a criada. Ambos são erros antibíblicos, e ambos precisam ser tratados e apontados como o que são: pecado.

Inversão do reino: o amor sacrificial da cabeça

Hoje em dia, quando falamos de Efésios 5, o que mais assusta nossa sociedade é a questão da submissão da esposa. Mas é importante

[5] Isso não significa que mulheres que se encontram em relacionamentos nos quais o marido abusa de sua autoridade tenham voluntariamente escolhido sofrer abuso. Falarei desse tema no capítulo 9.

notarmos que, para a audiência original, os irmãos efésios, o que causava perplexidade não era a submissão da esposa (um conceito aceito e estabelecido), mas, sim, o amor sacrificial do marido. Tendemos a ler a Bíblia com lentes contemporâneas e ocidentais, mas precisamos tirá-las e colocar em seu lugar lentes orientais, lentes que nos permitam ver as passagens bíblicas como a audiência original para quem foram escritas.

A palavra grega do texto original para o termo "cabeça" é *kephalē*, termo comumente presente na literatura grega para denotar líderes sociais e estatais — generais de guerra ou imperadores, por exemplo. César, o imperador romano, era visto como um *kephalē*, e o povo, como seu corpo. A cabeça era a fonte de vida do corpo e precisava ser protegida a todo custo, o que era visto como benéfico ao próprio corpo, uma vez que, na hipótese de a cabeça sofrer, o corpo todo padece. Assim, os leitores da carta aos efésios — povo grego e de familiaridade com o termo *kephalē* — esperariam que Paulo, ao chamar o marido de cabeça, designasse também que ele deveria ser — como César era — servido, protegido, amado e reverenciado a qualquer custo pelo corpo, a esposa. Mas não é esse o comando de Paulo.

Paulo diz: "Pois o marido é o *cabeça* [*kephalē*] da mulher, como também Cristo é o *cabeça* [*kephalē*] da igreja, que é o seu corpo [...]. Maridos, *amem* cada um a sua mulher, assim como Cristo *amou* a igreja e entregou-se por ela" (Ef 5.23,25, grifos meus). Não permita que esse contraste escape aos seus olhos! O marido é como Cristo, o cabeça. Mas Cristo não é um cabeça como César. Cristo não veio para ser servido, mas para servir (Mt 20.28). Cristo veio para amar. Assim também o marido cristão não seria um líder autoritário e egoísta, mas servil e amoroso. E mais do que isso: ele deveria demonstrar não qualquer tipo de amor, mas o amor sacrificial de Cristo, que deu a própria vida por seu corpo amado, a igreja.

Uma das passagens que eu mais amo na Bíblia se encontra em João 13, na qual Jesus lava os pés de seus discípulos. Para compreendermos, de forma plena, essa passagem, devemos compreender o contexto da tradição de lavagem de pés. Lembre-se de que, na época em que Jesus viveu neste mundo, as pessoas percorriam longas distâncias com sapatos que, em geral, expunham seus pés às sujeiras do caminho empoeirado. Os donos das casas separavam, então, um escravo não judeu para a tarefa de lavar os pés de seus convidados quando chegavam às suas residências. Quando Jesus diz que vai lavar os pés de seus discípulos, está se colocando no lugar de uma das pessoas mais desprezadas da sociedade. Por isso Pedro se assusta e declara: "Nunca lavarás os meus pés!". Pedro reconhecia Jesus como seu mestre e líder, razão pela qual compreendia quão absurdo seria esse gesto de Cristo. Então, Jesus explica aos discípulos o conceito de inversão do reino: "Vocês me chamam 'Mestre' e 'Senhor', e com razão, pois eu o sou. Pois bem, se eu, sendo Senhor e Mestre de vocês, lavei os seus pés, vocês também devem lavar os pés uns dos outros. Eu dei o exemplo, para que vocês façam como lhes fiz" (Jo 13.13-15). É essa mesma inversão que Paulo traz em sua carta aos efésios, é esse exemplo de Jesus que embasa seus comandos de casamento. Se Jesus — que é o cabeça em quem o marido se espelha — demonstrou *esse tipo* de liderança, então os maridos devem fazer o mesmo, pois, como o próprio Jesus disse: "Nenhum escravo é maior do que o seu senhor" (Jo 13.16).

Com essa noção de inversão em mente, você consegue imaginar os irmãos de Éfeso lendo o que Paulo escreveu? "Espere aí, o que ele disse? O marido ama a esposa e dá sua vida por ela? A esposa é responsável por voluntariamente se submeter?". Paulo estava virando os conceitos de casamento em que os efésios acreditavam de cabeça para baixo! Ele estava ensinando aos seus irmãos que o reino de Deus não é como o reino deste mundo — na família de Deus, o que quer ser servido deve servir, e os últimos serão os primeiros (Lc 22.25-26; Mt 20.16). E não é isso que vemos ao longo de toda a Bíblia? O DNA do cristão, sua essência, é servir e ir contra os padrões egoístas deste mundo. Com o casamento, não é diferente. Em nossa sociedade feminista, costumamos focar tanto o "absurdo" da submissão feminina que deixamos de nos assustar, na mesma proporção, com o comando dos maridos ao amor sacrificial. Ambos são chamados a servir, a ir contra sua natureza caída e egoísta. O marido que desempenha seu papel de cabeça esperando ser servido está na contramão do comando bíblico. A esposa que exerce sua posição de corpo sem se submeter está na contramão do comando bíblico.

A submissão na prática

Mas como a submissão se dá na vida real? Como as esposas podem desempenhar seu papel sem caírem no erro de se tornar passivas, por um lado, ou orgulhosas, por outro? Parece que a Bíblia nos deixa com um vazio, com uma lacuna, pois não encontramos um passo a passo de como é possível a mulher exercer essa submissão. Talvez enxerguemos isso como negativo, mas eu penso que é algo profundamente positivo e coerente.

Você se lembra do capítulo sobre a criatividade de Deus? A conclusão ali foi que nosso Pai não cria duas pessoas iguais, e que cada um de nós é absolutamente único e singular. Assim, cada casamento é composto por um homem e uma mulher que são diferentes de todos os outros ao seu redor. Dessa maneira, Paulo nos dá diretrizes gerais — todo marido é o cabeça e ama sacrificialmente; toda esposa é o corpo e se submete em amor e respeito. Mas a forma específica como isso se dará depende de cada casal.

Há uma tendência à generalização dos sexos. "Homens são visuais; mulheres, emocionais." "Homens gostam de futebol; mulheres, de novela." "Homens não sabem conversar; mulheres falam demais." Essas generalizações reducionistas nos fazem pensar que todo casal é igual e tem os mesmos problemas. Mas, graças a Deus, isso não é verdade. Meu marido, por exemplo, não se encaixa nos padrões esperados de masculinidade. Beau é emocionalmente inteligente, capaz de conversar por horas a fio e, em geral, é o primeiro a pedir perdão. Se eu fosse seguir os conselhos gerais sobre casamento que encontro nas páginas de Instagram, acabaria não sendo a *ezer*, a ajudadora idônea, de que meu marido precisa. Meu marido prefere que, após o trabalho, eu passe um tempo conversando e processando com ele seu dia, mesmo que isso resulte em um jantar à base de cachorro-quente ou comida congelada. Talvez seu marido seja diferente, e se sinta mais amado com um jantar bem elaborado (ou talvez seu marido prefira, ele mesmo, cozinhar!). Eu prefiro que meu marido lave a louça enquanto eu descanso e tenho um tempo sozinha. Talvez você prefira lavar a louça na manhã seguinte, desde que isso garanta que seu marido passe um tempo conversando com você à noite. Consegue perceber como somos seres humanos diferentes? A submissão, o servir, será diferente em cada relacionamento — e isso é ótimo!

Porém, há algo a ser dito sobre como a submissão funciona para a comunicação entre os cônjuges. Algumas pessoas acreditam que a mulher deve permanecer calada diante de qualquer decisão do marido, mesmo que ela seja pecaminosa e contrária ao que considera o melhor para sua família. Ou que a esposa nunca deve dar sua opinião sobre qualquer decisão familiar. Isso não é bíblico. Quando o apóstolo Paulo diz que a mulher se submete "como ao Senhor" (Ef 5.22), deixa claro que a submissão primária da esposa é a Cristo, e não ao marido. Se a submissão ao marido é contrária à submissão a Cristo, a esposa deve permanecer fiel ao seu Senhor e mostrar-se contrária ao marido. Nenhum homem tem o direito ou a autoridade para forçar sua esposa a pecar contra Deus.

Lembre-se do que o apóstolo Pedro disse: "É preciso obedecer antes a Deus do que aos homens" (At 5.29). Portanto, creio que, quando é preciso tomar uma decisão, a esposa não tem apenas o direito, mas também a obrigação de expressar sua opinião, de acordo com o discernimento que ela tem como cristã, através do Espírito e da Palavra, e que o casal precisa dialogar, na esperança de chegar a um consenso. Se não houver consenso, mesmo depois de muita oração, diálogo, busca de ajuda pastoral e discernimento por meio da Palavra, creio, então, que deve prevalecer a autoridade do marido. Mas isso também implica que é do marido que Deus exigirá responsabilidade caso a decisão seja imprudente, pois ele, como cabeça, terá conduzido a família de forma negativa. Ser cabeça não implica o privilégio de ser servido, mas a grande responsabilidade de servir, sabendo que cabe a ele guiar sua família nos caminhos do Senhor.

Voltemos à passagem de João 13. Depois de declarar a seus discípulos que o servo não é maior que seu senhor e que, portanto, eles deveriam ser humildes e servir uns aos outros, Jesus faz uma promessa. Ele diz: "Agora, que vocês sabem estas coisas, felizes serão se as praticarem" (v. 17). Essa promessa vale para toda a Escritura — felizes seremos quando a colocarmos em prática! As mulheres tendem a pensar que serão incrivelmente infelizes se praticarem o comando bíblico da submissão, mas, como temos visto neste livro como um todo, tudo o que Deus comanda vem de seu coração amoroso de Pai. Podemos confiar e descansar nisso. A submissão a uma autoridade amorosa e sacrificial significa proteção para nós, vida e privilégio.

Mas e quanto ao abuso?

Há anos meu coração queima por mulheres em situação de abuso doméstico. Tenho amigas que já serviram em abrigos e me contaram histórias de mães fugindo com seus filhos, ou seja, mulheres fugitivas de seus próprios lares. É algo terrivelmente demoníaco quando um homem — na condição de marido e pai — que deveria ser o maior protetor dos seus se vira contra eles. É uma completa perversão do desígnio divino para a família e o casamento. Não causa surpresa, então, que muitas mulheres temam que a submissão resultará automaticamente em abuso, e eu compreendo e quero dar atenção a esse receio justificável.

Seria ingênuo e desonesto de nossa parte ensinar sobre submissão sem reconhecer que algumas pessoas utilizam passagens bíblicas para justificar seu pecado. Entretanto, seria também desonestidade com o texto bíblico dizer que é ele, em si, que produz o abuso. Como vimos no começo deste capítulo, o amor de Deus por sua amada é sempre em favor dela. E, mesmo quando ela quebra a aliança, corre para outros amores e adultera, mesmo quando ela o despreza, Deus permanece fiel e favorável a ela. O livro de Oseias é um dos mais claros na Bíblia acerca desse conceito. Nele, Deus manda seu profeta Oseias casar-se com uma prostituta para representar a aliança dele mesmo com seu povo, Israel. Quando a esposa de Oseias, Gômer, foge e retoma a antiga vida lasciva, Deus ordena que o profeta vá buscá-la e amá-la novamente. Por quê? Para representar a forma como ele próprio ama, como ele próprio mostra graça aos seus, um povo adúltero e infiel. É esse tipo de amor que Cristo tem por sua Noiva, e é esse tipo de amor que Paulo ordena aos maridos cristãos. Repito, *não existe* justificativa bíblica para o abuso de autoridade do marido no casamento. O que existe é uma distorção demoníaca da Palavra Santa de Deus.

Quando a esposa, o marido ou os filhos encontram abuso em seus lares, seu direito e seu dever é impor um limite e livrar-se disso de todas as maneiras que estiverem ao seu alcance. O crente não pode ser conivente com o pecado, e o abusado não deve ser conivente com o abusador. As igrejas e seus pastores precisam desesperadamente assumir seus papéis de proteção das ovelhas em seu aprisco. Falaremos mais detalhadamente do abuso praticado contra a mulher no capítulo 9 deste livro.

Mas e se meu marido não for cristão?

Outra dificuldade acerca da submissão trata do marido não cristão — ele merece o respeito da esposa? Em primeiro lugar, temos de lembrar que, como já vimos, a marca de todo cristão é a humildade, o serviço e a submissão aos outros e a Cristo. Nós agimos como nosso Senhor, que respeitou aqueles que o desrespeitaram e amou os que o odiaram. Em segundo lugar, temos uma passagem que esclarece essa questão na Bíblia: "Mulheres, sujeite-se cada uma a seu marido, a fim de que, *se ele não obedece à palavra*, seja ganho sem palavras, pelo procedimento de sua mulher, observando a conduta honesta e respeitosa de vocês" (1Pe 3.1-2, grifos meus).

O apóstolo Pedro estava encorajando as esposas cujos maridos não amavam o Senhor a demonstrarem seu cristianismo por meio do respeito. Ainda que um marido não cumpra seu chamado ao amor sacrificial, lembre-se de que Paulo atribuiu às esposas a responsabilidade pela decisão de se submeter. A submissão é voluntária e deve ser dada pela esposa cristã, ainda que ela não tenha em seu marido um *kephalē* amoroso. Lembre-se do que Paulo disse: "Portanto, sejam imitadores de Deus, como filhos amados" (Ef 5.1), e "Mulheres, sujeite-se cada uma a seu marido, como ao Senhor" (Ef 5.22). A esposa se submete não porque seu marido merece, mas porque ela é uma filha amada de Deus que imita seu Pai amoroso e se submete a ele como sua autoridade perfeita.

Conclusão

Podemos concluir que a passagem de Efésios 5 diz menos respeito a nós e mais a Cristo e a igreja. Entendemos que as esposas se submetem aos maridos como se submetem ao Senhor. Aceitamos que é por causa do amor e do relacionamento que temos com Cristo que podemos submeter-nos. Deus planejou a submissão da esposa no contexto de amor sacrificial do marido. Não há nada de subserviente nisso, nada de humilhação. Pelo contrário — quando olhamos para a cruz, para o Rei de todo o universo morrendo e se humilhando por amor de pecadores, e entendemos que é esse tipo de amor que Deus ordena aos maridos, não podemos olhar para Efésios 5 como se mostrando contrário à mulher. As mulheres são privilegiadas, assim como os homens, por igualmente carregarem o chamado e a honra de representar, pelo casamento, algo muito maior que elas, o mais belo relacionamento que já existiu: o relacionamento entre Cristo e sua amada Noiva. Alegrem-se, esposas! Alegrem-se, maridos!

DEUS DE VIDA E A MATERNIDADE

Disse-lhe Jesus: Eu sou a ressurreição e a vida. Quem crê em mim, ainda que morra, viverá; e todo o que vive e crê em mim não morrerá, eternamente. Crês isto?

João 11.25-26, ARA

Meus olhos ficam marejados de emoção quando relembro a maravilha de ter uma vida crescendo em mim. Em minhas entranhas, entre meus órgãos, protegida por minha estrutura, estava uma criatura viva desde a sua concepção, uma criatura que crescia, se mexia, respirava e até mesmo chorava! Lembro-me de sentir seus ossinhos me cutucando, de me aborrecer com seus socos inesperados e de lacrimejar de emoção ao perceber, pela primeira vez, que aquilo que pareciam ser gases eram, na verdade, seus primeiros movimentos. Não sei se, com o tempo, vou acabar esquecendo a sensação de ter uma criança crescendo em mim... Espero que não. Espero sempre me lembrar, para nunca deixar de me maravilhar com o milagre da vida, do qual, passivamente, participei. Enquanto eu vivia meus dias normalmente, andando daqui para lá, trabalhando, limpando, dormindo, Deus fazia um ser humano se desenvolver dependente e, ao mesmo tempo, independente de mim.

Ainda hoje, olho para minha filha — para seus olhos cor de mel, seus dedinhos ágeis e perfeitos, sua personalidade tão igual e, ao mesmo tempo, tão diferente da minha — e percebo que, não fosse o milagre da concepção, do amor compartilhado, ela não existiria. Se eu não tivesse visto uma foto do meu marido na rede social de uns amigos, se ele não tivesse pegado um avião de última hora, se eu não tivesse sido suficientemente corajosa para deixar tudo o que sempre conheci para trás e me mudar para outro país... se tudo isso não tivesse acontecido, nossa Vesper Elizabeth não existiria. Se todos esses eventos não tivessem culminado no amor entre um homem e uma mulher, essa criança, criada à imagem de Deus desde a sua concepção, não teria chegado ao mundo.

Quão incrível é o milagre da vida! Quão absurdo é que dois seres humanos caídos em pecado, quebrados e completamente imperfeitos, consigam, através da intimidade do amor conjugal, criar vida! Quão misericordioso foi Deus ao estabelecer, antes da queda no Éden, que suas criaturas pudessem ser parte — e parte essencial — da criação de nova vida! Deus poderia ter escolhido criar novos humanos de uma forma completamente independente de nós. Ele poderia fazer bebês surgirem de dentro de repolhos, como dizem algumas lendas. Ou fazer com que chovessem dos céus, ou que fossem trazidos de uma terra mágica, no bico de cegonhas. Mas Deus quis dar a nós, suas criaturas, o sabor, o deleite, o imenso privilégio de tomar parte do processo de criação da vida. De sentir, ainda que de maneira falha e dependente dele, a alegria de sermos responsáveis pelo surgimento de novos humanos. Quanta graça Deus mostrou ao dividir conosco tamanha honra!

Uma época de morte

Este capítulo sobre um Deus de vida está sendo escrito em uma época em que o coronavírus mata milhares de pessoas diariamente no Brasil. A ironia de escrever sobre a vida em uma época de tanta morte não me passa despercebida. É difícil falar sobre a origem da vida, sobre a beleza da maternidade e até mesmo sobre a realidade de que Deus está vivo e operante quando tenho tantos conhecidos ou às portas da morte, ou que por elas já adentraram. Ainda há pouco, recebi a trágica notícia de uma mãe de quatro crianças pequenas que estava lutando contra esse vírus na UTI, intubada, e que acabou de falecer.

Em momentos assim, crer em um Deus vivo torna-se tão difícil quanto necessário. Em um mundo caótico de desastre em escala mundial, o que nos resta senão a esperança de que existe um Soberano Senhor em seu trono? Para onde irão nossos barcos se não houver uma âncora que os proteja de ficar à mercê das ondas bravas do mar?

Se Jesus Cristo não nasceu, viveu, morreu, ressuscitou e ascendeu; se Deus não está de fato vivo, de que vale todo o nosso sofrimento?

Um Deus vivo

No livro de Deuteronômio, vemos a declaração de que o Senhor é um "Deus *vivo*" (Dt 5.26, grifos meus). Essa afirmação pode passar despercebida aos nossos olhos, mas, para o povo ao qual foi feita, era capaz de mudar tudo. Os israelitas, povo que Deus escolhera e libertara da escravidão no Egito, viviam rodeados de culturas pagãs e idólatras, culturas adoradoras de deuses mortos. Suas estátuas, suas imagens, suas pinturas... Todas aquelas figuras inventadas pela mente humana caída não tinham vida em si mesmas; apenas "viviam" no imaginário de seus criadores. Mas o Senhor, o Deus de Israel, não. *Yahweh*, o Grande Eu Sou, é um Deus vivo. Ele declara, na profecia de Isaías: "Eu sou Deus. Antes de mim nenhum deus se formou, nem haverá algum depois de mim" (Is 43.10). Assim, Israel deveria viver de acordo com essa realidade, que era tanto confortadora como aterrorizante. Um Deus vivo poderia livrá-los de seus inimigos e, ao mesmo tempo, exigir santidade e fidelidade. Um Deus vivo os protegia de perigos visíveis e invisíveis, ao mesmo tempo que via tudo o que eles faziam publicamente ou em secreto. Isso é confortador e, ao mesmo tempo, aterrorizante.

Na carta aos romanos, essa realidade se expande e não é mais aplicável somente aos israelitas, mas agora também a nós, cristãos contemporâneos gentios. O apóstolo Paulo cita a profecia de Oseias para declarar que os gentios, aqueles que não eram judeus de nascimento, não seriam mais desprezados ou deixados fora da aliança; ao contrário, eles passariam a ser "chamados filhos do Deus *vivo*" (Rm 9.26, grifos meus). Agora, a realidade da vida de Deus é também confortadora e aterrorizante a todos nós que nele cremos. Conforto, por sermos filhos protegidos, cuidados, amados. Terror, por termos um Deus que tudo vê e tudo julga.

Talvez possa parecer contraditório sentirmos tanto conforto como terror ao pensarmos no fato de Deus estar vivo, mas creio que essa noção se faz clara na ideia do temor a Deus. O apóstolo Paulo explica esse conceito aparentemente paradoxal aos crentes de Corinto dizendo: "Pois somos santuário do Deus *vivo*. Como Deus disse: 'Habitarei com eles e entre eles andarei; serei o seu Deus, e eles serão o meu povo'" (2Co 6.16). Eis a parte confortadora: somos santuário, ou habitação, do Deus vivo, o que nos concede a alegria de sermos chamados povo de Deus. Mas a parte do terror vem em seguida: "Amados, visto que temos essas promessas [de sermos o povo de Deus], purifiquemo-nos de tudo o que contamina o corpo e o espírito, *aperfeiçoando a santidade no temor de Deus*" (2Co 7.1, grifos meus). Nossa santidade deve ser aperfeiçoada, e nos é exigida, no temor de Deus. Temer o Deus vivo implica reconhecer sua majestade e seu poder, e ajoelhar-se diante de tamanha grandeza. Temer aqui não é no sentido de sentir medo, mas de admirar, reverenciar e respeitar.

C. S. Lewis expressou isso de forma belíssima em sua obra *As crônicas de Nárnia*. Nessa história, Aslam é um leão majestoso, rei da terra de Nárnia, e visto por muitos como uma figura de Cristo. Ele é, ao mesmo tempo, amedrontador e manso, soberano e amigo. A menina Lúcia se sente suficientemente à vontade para se aninhar em sua juba, mas a terrível Feiticeira Branca encontra o fim em suas presas. Nós, como filhas aceitas na família divina mediante o sacrifício do Filho, não precisamos mais ter medo de um ataque feroz do Leão e podemos nos aninhar em sua juba macia. Mas, ao mesmo tempo, quando o vemos rugir em poder e glória, não conseguimos evitar um temor santo, um ajoelhar-se diante de tamanha majestade. O fato de servirmos a um Deus *vivo* nos inspira a vivermos em total devoção.

Fonte da vida

Existe um termo em teologia para denominar alguém que existe por si mesmo: *asseidade* — e, na verdade, o único ser que realmente apresenta essa característica é Deus. Conforme disse o salmista,

Deus "existe desde a eternidade" (Sl 93.2), e o homem, em contrapartida, é "semelhante à relva que se vai quando sopra o vento" (Sl 103.15-16). Desde antes da criação de tudo o que existe, Deus já vivia; ele não tem início nem fim, e não precisa de nada nem de ninguém para permanecer vivo. Ele, então, é a fonte de toda vida e, fora dele, nada sobrevive.

O Jardim do Éden, a gênese da criação, era uma explosão de vida. No relato de Gênesis 1 e 2, vemos Deus criando maravilhas após maravilhas, adicionando detalhes a cada parte de sua obra perfeita, criando não um sistema morto e temporal, mas uma perfeita máquina de vida. Pense nas relações entre as criaturas — a dependência das abelhas em relação ao pólen, e a dependência das flores em relação às abelhas. Perceba, em várias outras relações ecológicas, a beleza da vida que sempre encontra um novo começo. Vida abundante, real, colorida, saborosa, rara.

E lembre-se de que foi *ex nihilo*, do nada, que Deus formou todas as coisas. A Trindade viva desde a eternidade explodiu seu amor em criação, formando, a partir do nada absoluto, cores, sabores, texturas — vida em abundância. E, então, Deus, do pó da terra, forma a coroa de sua criação: os humanos. E aqui chegamos ao ápice de todo o relato da criação — o divino, antes único ser vivo, agora sopra vida nas narinas do homem. Não qualquer vida. Lembre-se de que os animais e as plantas já haviam sido criados — ambos criaturas vivas. Mas a palavra original hebraica usada para o sopro da vida que Deus dá ao homem não é a mesma usada para designar a vida dos animais. Deus sopra vida no homem de forma distinta porque sopra aquilo que nos transforma em *imago Dei*, a imagem do próprio Deus, algo que somente os humanos carregam. E não é encarnado em forma de planta ou animal, ou mesmo de anjo, que o Deus Filho veio ao mundo. Não, Jesus Cristo encarnou como ser humano, o próprio Deus tornando-se homem para salvar aqueles que receberam o sopro da vida. Quando o Deus Filho desce à Terra, declara acerca de si mesmo: "Eu sou a vida" (Jo 11.25). A própria vida encapsulada em um corpo de morte — essa é a imensa e quase incompreensível beleza da encarnação.

O apóstolo Paulo diz de Cristo: "Pois dele, por ele e para ele são todas as coisas" (Rm 11.36). O teólogo holandês Abraham Kuyper disse praticamente o mesmo em outras palavras: "Não há um centímetro quadrado em todo o domínio de nossa existência humana sobre o qual Cristo, que é Soberano sobre todos, não grite: 'Meu!'".[1] Tudo é de Cristo, de modo que ele é o *dono* de todo o universo. Tudo é para Cristo, o que faz dele o *objetivo* de todo o universo. E tudo é por Cristo, o que faz dele a *fonte* de todo o universo. Jesus Cristo é o Deus vivo, que, em graça, habitou entre suas criaturas.

O Deus encarnado é não somente nossa fonte de vida física, mas também de vida espiritual e vida eterna. Sem Jesus Cristo, ainda estaríamos espiritualmente mortos em nossos pecados (Ef 2.1); e, sem ele, não teríamos a promessa da vida eterna com Deus (1Jo 2.25). Essa verdade deveria produzir profunda humildade em todos nós, ao reconhecermos quão dependentes nós somos do Eterno. Se ele não segurasse todo o universo em suas mãos, se ele o deixasse escapar por um segundo sequer que fosse, todos nós estaríamos arruinados. Deus não depende de ninguém; em contraste, tudo que não é Deus — anjos, homens, plantas, animais, estrelas e planetas — depende totalmente dele.

Eva — a vida que trouxe a morte

Ainda que Deus seja a fonte da vida e os humanos sejam criados à sua imagem, surpreende que nós também tenhamos o privilégio de participar da criação de vida. O fato de Deus haver escolhido compartilhar conosco essa dádiva jamais deveria deixar de nos maravilhar. A biologia dos corpos masculinos e femininos e a forma como foram feitos, à perfeição, para produzir vida refletem um Deus perfeito.

Quando Deus ordena ao homem e à mulher: "Sejam férteis e multipliquem-se", ele sabe que essa ordem só se cumprirá em uma parceria entre os sexos. Ele cria Adão, cujo nome significa "terra" ou

[1] James D. Bratt (org.), *Abraham Kuyper: A Centennial Reader* (Grand Rapids, MI / Cambridge, UK: Eerdmans, 1998), p. 488.

"pó", e lhe dá uma esposa, Eva, cujo nome significa "vida". Não é incrível a simbologia desses nomes? O homem representando a origem e o fim de todos nós, a terra que, quando fértil e saudável, permite o germinar da vida; e a mulher, por sua vez, tem a honra de representar a esperança de que, mesmo após a queda, ainda haveria sempre o brotar da vida em um mundo caído.

Não deixe escapar à sua percepção a importância da cronologia dos eventos da criação. Quando Deus forma os seres humanos, eles são chamados apenas de *homem* e *mulher*, feitos à imagem de Deus, recebendo, em seguida, a ordem de se multiplicar e criar nova vida, povoando a Terra. Observe que a ordem da criação de vida pela reprodução humana é dada antes da entrada do pecado no mundo, e a gravidez sempre fez parte do desígnio original de Deus para a mulher.

É irônico pensarmos que é a mulher, aquela que seria denominada "vida", quem inicialmente estende as mãos para o fruto que trouxe morte a todos os seres humanos. Cada filho e cada filha de Eva, ao serem concebidos, receberiam a punição da morte eterna, por causa do pecado original. A morte tem início em um lugar de vida, o Jardim, e por intermédio das duas pessoas cujos nomes representavam a vida: Adão e Eva.

Entretanto, não é justo olharmos para Eva e focarmos apenas a morte que ela trouxe (até porque ela não a trouxe sozinha — seu marido estava lá!). Creio que o nome que Adão dá à sua esposa após a queda é incrivelmente significativo. "Eva" remete a primeira mulher ao seu desígnio original, a bênção que lhe foi dada de carregar no ventre novos seres à imagem de Deus; e de carregar em si não somente sua vida, mas também a vida de outras pessoas. Como uma fruta que carrega em si o potencial de novas frutas, Eva carregava em si a semente que geraria novas sementes e permaneceria germinando indefinidamente.

E mais do que isso! É de extrema importância notarmos que, mesmo em meio à maldição que o homem, a mulher e a serpente recebem no Jardim, Deus faz uma promessa concebida em sua eterna misericórdia. Ali, no lugar de morte, Deus promete que um dia enviaria aquele que pisaria a cabeça da serpente e venceria a morte de forma final e última (Gn 3.15). Essa promessa é o que os teólogos chamam de "protoevangelho", ou seja, o início do evangelho, a primeira menção às boas-novas de redenção. Não é maravilhoso que Deus tenha escolhido prometer o Messias juntamente com a maldição? É como se ele tivesse permitido que um bálsamo caísse sobre Adão e Eva, mesmo em meio ao fogo pelo qual eles passariam. Era algo a que se agarrar em um mundo desolado para além do Jardim, em meio ao suor do cultivo da terra e à dor do parto de novos seres criados à imagem de Deus.

Imagino que Eva se tenha ancorado na promessa de que a salvação viria de sua semente, e me pergunto se, a cada nova concepção, ela imaginava algo como: "Será esse o nosso salvador?". Imagino quão confusa ela se sentiu quando seu primogênito se tornou, em vez de salvador, um assassino. Imagino quanto tempo levou para ela se acostumar à realidade de que, em um mundo caído, não somente a gestação e o parto seriam difíceis, como também a criação de pequenos seres que, embora trazendo em si a imagem de Deus, carregavam também a raiz do pecado. Eva, a mãe de todos nós, foi a primeira mãe a descobrir que, após a queda, a beleza e a dor são proporcionais na missão de gerar e criar filhos para Deus.

Fecundidade em um mundo morto

Uma vez que este mundo, desde Eva, está manchado pelo pecado, não seria prudente e até mesmo altruísta que mulheres cristãs evitassem a procriação, para não expor novos seres humanos às dores do pecado? Creio que todos nós já ouvimos alguém dizer, cristão ou não: "Não vou trazer filhos a um mundo ruim como este!". Confesso que eu mesma, ao refletir sobre abusos, doenças, acidentes e todas as outras possibilidades aterrorizantes que este mundo oferece, já me perguntei se seria mesmo sábio criar novos seres humanos e submetê-los a tantas mazelas.

É correto pensarmos que a ordem original de Deus, dada ao homem e à mulher, no sentido de serem fecundos, alterou-se após a queda? Creio que encontramos uma resposta a essa questão no livro do profeta Jeremias. Quando os israelitas contemporâneos de Jeremias escolheram desobedecer à lei e entregar-se às próprias paixões, Deus os retirou da terra prometida, enviando-os, exilados, para a Babilônia. E, nessa época turbulenta da história de seu povo, é importante notarmos o que Deus comanda, pela boca do profeta, que eles façam: "Construam casas e habitem nelas; plantem jardins e comam de seus frutos. Casem-se e tenham filhos e filhas; escolham mulheres para casar-se com seus filhos e deem as suas filhas em casamento, para que também tenham filhos e filhas. *Multipliquem-se e não diminuam*" (Jr 29.5-6, grifos meus).

O plano original de Deus de procriação não se altera diante das circunstâncias adversas. O povo de Israel não estava em sua própria terra, não tinha em vista para si prosperidade financeira ou segurança econômica e política, mas Deus não queria que eles diminuíssem em número; pelo contrário. É uma tendência de todo humano, penso, olhar para sua própria época e pensar que está atravessando o momento mais difícil da humanidade. Mas lembre-se de que a História humana já assistiu a genocídios, pragas que mataram milhões, guerras mundiais e até mesmo, enquanto escrevo este livro, uma pandemia. E, em tudo isso, é possível ouvir a voz de Deus às suas criaturas ecoando: "Multipliquem-se e não diminuam".

Nosso Deus de vida permanece alegrando-se em nova vida. Quando o inverno da minha cidade começa a dar lugar à primavera, consigo ver, enquanto caminho pela vizinhança, as poças de água que, semanas antes, eram gelo, e pequenos pontinhos verdes que aparecem nos galhos antes secos das árvores. Todo ano, nosso planeta dá uma volta completa em torno do Sol; e todo ano o gelo derrete e as flores aparecem. Deus permanece fiel em continuar trazendo vida a um mundo de morte, e nós devemos fazer o mesmo.[2]

[2] Uma frase que resume bem essa ideia é: "Cristãos não colocam sua esperança em seus filhos, mas seus filhos são um sinal de sua esperança [...] de que Deus não abandonou este mundo". Stanley Hauerwas, *A Community of Character: Toward a Constructive Christian Social Ethic* (Notre Dame, IN: University of Notre Dame Press, 1981), p. 191.

Minha filha nasceu nos primeiros dias de 2020, meses antes do primeiro *lockdown* da pandemia. Assim como eu, muitos casais de amigos nossos também tiveram bebês em meio a máscaras e álcool em gel. Inicialmente, zanguei-me com a data do nascimento de nossa bebê. Eu pensava: "Se ela tivesse vindo apenas uma semana antes, teria evitado nascer em um ano tão terrível!". Mas agora tenho uma nova perspectiva acerca da questão. Vejo minha filha, e todos esses bebês de 2020, como pequenas explosões de vida em meio a uma época de morte. Todos eles são exemplos de que a vida não para, de que Deus não cessou de nos dar a graça de novos brotos, ainda que a floresta como um todo esteja em chamas. E assim tem sido desde o Éden até hoje. O plano de Deus não mudou — cada um de nós que se encontra sob a aliança de um matrimônio, assim como Adão e Eva, é chamado à fecundidade em um mundo morto.[3]

E mais do que isso: a nós, cristãos, o chamado não é somente para multiplicação física, mas também espiritual. Quando temos filhos, nós os temos para Deus. Nosso objetivo como pais é cumprir não somente o Mandato Cultural, "Multipliquem-se", mas também a Grande Comissão, "Façam discípulos". Não gestamos por nove meses e, em seguida, lavamos as mãos e dizemos: "Trabalho feito, mais um humano no mundo!". Quando seguramos nossos bebês no colo após o parto e olhamos em seus olhos recém-abertos ao mundo, temos apenas o primeiro momento de uma vida toda de responsabilidades. Não temos, é claro, o poder de salvar a alma de nossos filhos e convencê-los do pecado — esse trabalho é do Espírito Santo somente. Mas cabe a nós sermos para nossas crianças as fontes primárias de conhecimento do alto, os exemplos de piedade mais próximos, os discipuladores mais fiéis. Os pais cristãos reconhecem que seus lares são seus maiores campos missionários, e seus filhos, seus mais importantes discípulos.

[3] Aqui cabe assinalar casos de saúde e situações específicas que impedem um casal de engravidar. Cabe a cada família conhecer suas particularidades e ponderá-las à luz da Palavra, com a ajuda sábia de líderes, discipuladores e pastores.

O coração do Pai

Nem sempre é fácil desempenharmos o papel de discipular filhos, especialmente porque não apenas eles nascem no pecado, como também nós. Todo pai e toda mãe carregam em si tanto o chamado de discipular como a bagagem de seu próprio pecado. Por isso faz-se tão necessário que as mães reconheçam suas fraquezas e corram para os braços do Pai. É arriscado olharmos para o comando de criar filhos para o Senhor e acreditarmos que essa missão se cumprirá com nossas forças. Tenho plena convicção de que não sei ser uma boa mãe, e encontro paz nisso. Também sei que é no final das minhas forças que o Senhor me encontra e me carrega.

Eu me incomodo sempre que escuto alguém dizer que o amor de mãe é incomparável e inabalável, a maior afeição do mundo. Não me entenda errado. Eu amo minha filha com uma força feroz. Mas sei que não é meu instinto feminino que faz isso, nem algo mágico que nasceu em mim quando um bebê saiu da minha barriga. O único motivo de eu encontrar amor em meu coração por minha filha, de querer protegê-la em sua fragilidade e aceitá-la em seus piores momentos, é por causa não do meu amor de mãe, mas do amor do meu Pai. É por causa do coração de Deus por nós que podemos amar. É porque ele nos amou primeiro que podemos demonstrar afeição por nossos filhos. É porque, no Calvário, o Pai não poupou a vida de seu próprio Filho que nós, como mães, podemos encontrar nele tudo o que precisamos para criar os filhos que ele mesmo nos deu. E até mesmo aquelas mães que não creem no Filho têm amor por seus filhos pela graça comum de Deus, que concede boas dádivas a todos.

Deus não somente nos dá o privilégio de gerar vida, como também nos ajuda durante todo o processo de cultivo dessa vida, desde as noites intermináveis com os recém-nascidos até os anos de conversas gostosas e regadas a café com os filhos adultos. E é por causa desse amor do Pai que nós, mães, encontramos liberdade do jugo que nossa cultura coloca sobre nossos ombros, pressionando-nos a sermos perfeitas. Não é natural ser gentil, paciente, bondosa ou amável. Pelo contrário; nossa natureza caída nos faz tender ao egoísmo, ao controle, à preguiça, à comparação e à culpa. Mas o Filho se entregou nas mãos do Pai justamente para que as correntes se quebrassem e nós pudéssemos ser livres de todo jugo pesado, levando agora somente o jugo dele, que é leve. Ainda que nosso amor seja vacilante, o dele é firme. Ainda que nossa paciência seja pouca, a dele é eterna. Ainda que nos esqueçamos de nossos filhos, ele prometeu que jamais se esquecerá de nós, havendo, inclusive, escrito nossos nomes na palma de suas mãos (Is 49.15-16). Quantas promessas benditas! Descansem, mamães.

O abrigo que nunca floresceu

Como já vimos em outras partes deste livro, enquanto a cultura do mundo se afasta cada vez mais de algumas funções da feminilidade, considerando-as antiquadas e desnecessárias, a igreja tende, por vezes, a idolatrar essas mesmas funções, enxergando-as como não somente importantes, mas também necessárias e vitais para uma mulher que se autodenomina cristã. Infelizmente, a maternidade não é uma exceção a essa tendência. Basta lermos um ou dois dos livros mais vendidos sobre feminilidade bíblica e encontraremos a exaltação do papel da mulher como mãe, que faz com que qualquer mulher que luta contra a infertilidade afunde dentro de si e enxergue a si mesma como insuficiente e quebrada. "O que há de errado com meu corpo?", é uma pergunta que provavelmente ressoa em suas mentes, assim como: "Por que Deus fez isso comigo, e não com ela?".

Existem diversas passagens bíblicas sobre Deus abrindo o ventre de mulheres antes inférteis, e creio que elas podem ser ao mesmo tempo esperançosas e desanimadoras. É possível que alguém enxergue todas essas passagens como declarações do poder imutável do nosso Deus; ou as receba como uma garantia de que, se ele fez isso por elas, também fará por qualquer uma de nós. A verdade é que Deus não nos prometeu um ventre para gerar filhos. Ainda que ele seja um Deus de vida e que os filhos sejam algo que somente ele pode dar, ele não os promete. Em um mundo caído no pecado, um ventre infértil é mais uma das muitas e tristes consequências da queda. Nada é como deveria originalmente ser, e a beleza do Éden há muito se desvaneceu. Hoje, vivemos em uma realidade que, pela graça divina, ainda mantém belezas e alegrias, enquanto também revela, de forma dolorida, quanto o pecado destruiu.

Não consigo imaginar a dor de sonhar com um filho por anos a fio sem vê-lo tornar-se realidade. A infertilidade, a solteirice indesejada, os abortos espontâneos, tudo isso impede um ventre de florescer e frutificar. E, o que é mais dolorido, é possível que essa realidade nunca mude, ainda que seja nosso desejo mais profundo. É difícil harmonizar a ideia de um Deus de vida com um ventre vazio. Como compreender que mulheres que não desejam ser mães recebam essa dádiva (e, por vezes, a eliminem por meio do aborto), enquanto mulheres piedosas permanecem de braços vazios? Eu não tenho resposta. Não temos como entender tudo o que nos acomete neste lado da eternidade. Mas há uma certeza à qual me agarro sempre que dúvidas dessa natureza me assombram: Deus nos ama e provou isso ao entregar seu próprio Filho, que, como uma semente no chão, caiu para que, após sua morte, pudesse germinar vida eterna para todos nós.

Há um poema que eu amo, e para o qual corro em momentos de dor, intitulado "O tecelão", do hinista norte-americano Grant Colfax Tuller. Corrie Ten Boom, uma cristã holandesa que viu seu pai e sua irmã serem assassinados por nazistas, citava com frequência esse poema em suas obras. Eu gostaria que você, que se vê diante da impossibilidade da maternidade, se agarrasse a esse poema. Espero que ele a ajude a lembrar que Deus é o tecelão e apenas ele vê o bordado de forma perfeita, enquanto nós vemos apenas a parte de baixo, na qual os fios estão todos embaraçados. Precisamos confiar que o desenho que o Pai borda será, ao final, muito mais belo do que jamais poderíamos conceber.

Minha vida é apenas uma tecelagem
Entre mim e meu Deus.

Eu não posso escolher as cores
Que ele tece firmemente.

Muitas vezes ele tece tristeza;
E eu, com um orgulho tolo,
Me esqueço de que ele vê a parte superior
E eu, apenas o lado de baixo.

Não será até que o tear esteja em silêncio
E a lançadeira pare de se mover,
Que Deus revelará o bordado
E os motivos, os porquês.

Os fios escuros são tão necessários
Na mão hábil do tecelão
Quanto os fios de ouro e prata
No desenho que ele planejou.

Ele sabe, ele ama, ele se importa;
Não há nada que possa obscurecer essa verdade.
Ele dá o melhor para aqueles
Que deixam a escolha em suas mãos.[4]

Flores abandonadas

Existem ventres que, infelizmente, não florescem, e outros que florescem para mães que não querem suas flores. Em um mundo

[4] *My life is but a weaving / Between my God and me. / I cannot choose the colors / He weaveth steadily.*

Oft' times / He weaveth sorrow; / And I in foolish pride / Forget He sees the upper / And I the under side.

Not 'til the loom is silent / And the shuttles cease to fly / Will God unroll the canvas / And reveal the reason why.

The dark threads are as needful / In the weaver's skillful hand / As the threads of gold and silver / In the pattern He has planned.

He knows, He loves, He cares; / Nothing this truth can dim. / He gives the very best to those / Who leave the choice to Him.

Grant Colfax Tuller, "The Weaver", <https://hymnary.org/person/Tullar_Grant>.

não ideal, tanto a infertilidade como o abandono de crianças são uma triste realidade. E não somente o abandono direto via descaso gera órfãos, como também o acidental, como, por exemplo, a morte inesperada dos pais. Há muitas circunstâncias que levam bebês, crianças e adolescentes a se encontrarem desamparados no mundo, tantas que não podemos generalizá-las todas sob o rótulo de "descaso proposital". Há ciclos de abuso que levam ao uso de drogas, há pais que não conseguem manter financeiramente seus filhos e há pais que escolhem correr de suas responsabilidades. Independentemente do motivo, o abandono infantil é uma realidade que destoa do plano original de Deus para a procriação dos seres humanos. Como vimos, não fomos criados para a prática do sexo livre, que conduz à probabilidade de abandono infantil ou, ainda muito pior, à de aborto. Fomos criados para ter relacionamentos de aliança que criem ambientes seguros de proteção a toda nova vida que floresce.

Entretanto, uma vez que, desde o Éden, não vivemos mais como fomos criados para viver, e crianças são de fato abandonadas, é necessário compreendermos e abraçarmos a importância da adoção de filhos. Creio que os cristãos deveriam ser conhecidos como um povo que ama a prática da adoção, pois, afinal de contas, somos todos adotados. Um dos versos preferidos do meu marido, e que também se tornou especial para mim, está na carta do apóstolo Paulo aos romanos: "Pois vocês não receberam um espírito que os escravize para novamente temerem, mas receberam o Espírito que *os torna filhos por adoção*, por meio do qual clamamos: 'Aba, Pai'" (Rm 8.15, grifos meus). Nós, que éramos mortos, recebemos vida. Nós, que éramos órfãos, recebemos família. Como é possível não acolhermos novas vidas no seio de nossas famílias, refletindo aquilo que nosso amado Aba fez por nós?

Não quero argumentar que todo casal cristão seria obrigado a adotar. Mas gostaria, sim, que olhássemos para os dados de crianças órfãs no mundo e os comparássemos àqueles de cristãos professos, e nos permitíssemos refletir: Será que Deus não nos tem chamado para que sejamos suas mãos e seus pés em relação às crianças abandonadas do mundo? Será que somos a resposta dele à crise mundial de órfãos?[5] Se não nós, o povo adotado pelo Deus da vida, então quem?

O abrigo que virou túmulo

Ainda mais triste que o abandono de crianças é o seu assassinato. Quando o lugar que Deus planejou como o primeiro abrigo da vida se transforma em um cemitério, por ação daquela que deveria ser sua maior protetora, encontramos uma das mais sórdidas consequências do pecado. O aborto é uma afronta ao caráter de Deus e uma forma demoníaca que os seres humanos encontraram de "brincar de Deus", escolhendo quem tem direito à vida ou não.

Como cristãos, somos não somente o povo da adoção, mas especialmente o povo da vida. Refletimos o caráter do nosso Deus quando acolhemos as crianças que florescem em nossos ventres, declarando-as dignas de vida; e, para além disso, também quando acolhemos todas as vidas — não somente no ventre, mas também fora dele. Seria hipócrita de nossa parte carregarmos bandeiras e camisetas que afirmam, em relação a nós, "pró-vida", se protegemos apenas embriões e fetos, e não os humanos nascidos. Se não nos importamos com órfãos, viúvas, imigrantes, mendigos, esquerdistas, homossexuais e até mesmo com mulheres que defendem e praticam aborto, então estamos também selecionando as vidas que merecem respeito. Por favor, não me entenda mal; não estou dizendo que devemos aceitar os estilos de vida mundanos ou as escolhas pecaminosas das pessoas. Mas estou dizendo, como disse o próprio Jesus Cristo, que temos a obrigação, como cristãos, de amar a todos, sempre. A *todos*, *sempre*. Sem exceção.

Há uma expressão em inglês que resume bem o que estou tentando defender: *pro-life from womb to tomb*. Nós, como cristãos, precisamos ter um posicionamento "pró-vida" do ventre à cova. Precisamos lutar contra o assassinato de seres humanos não nascidos, assim como

[5] Ver All God's Children International, "8 Million children are living in institutions", <https://allgodschildren.org/the-8-million/>.

garantir vida saudável a esses mesmos humanos durante a infância, a adolescência e a vida adulta. Nossa causa não termina quando uma mãe decide manter seu filho vivo até o nascimento. Nossa luta prossegue quando ajudamos tanto a criança como a mãe a encontrarem o apoio necessário para levarem uma vida estável. Lutemos contra o aborto com todas as nossas forças. Mas lutemos também, com igual zelo, pela dignidade de toda existência à nossa volta, seja ela como a nossa ou não, refletindo, assim, o zelo divino pela vida.

Conclusão

Minha celebração preferida do ano não é o Natal, mas a Páscoa. Amo a ideia de florescimento, renascimento, de declarar com entusiasmo que Jesus Cristo venceu a morte e está vivo à direita do Pai. E amo o que isso significa para nós — vida abundante aqui, e eterna com ele no porvir! Toda mãe leva em si o privilégio de refletir o caráter desse Deus vivo ao gerar vida (pelo ventre, pela adoção ou pela maternidade espiritual) e ao cultivá-la até o fim de seus dias. Essa missão, embora belíssima, é também incrivelmente difícil e desafiadora. Mas, graças à bondade de Deus, não somos chamadas a cumpri-la com nossas próprias forças! Nos momentos mais obscuros, nas madrugadas insones, no trocar da milionésima fralda, no acalentar, no abraçar, no disciplinar, no banhar, no aplicar o trigésimo curativo... Em todos esses momentos que ninguém mais vê, toda mãe pode ter a certeza de que há audiência de Um só que não perde detalhe algum, que não ignora nem um segundo sequer de sua fidelidade na maternidade. Há descanso para as mães cansadas na certeza de que somos suficientes por causa de Cristo, nosso Deus vivo.

7

DEUS DE LABOR E O TRABALHO DA MULHER

Trabalharás seis dias e neles farás todos os teus trabalhos.

Êxodo 20.9

"*So, what do you do?*", indagou-me ela, do outro lado da mesa. Eu estava em uma reunião social entre amigos, e essa pergunta, feita por uma das convidadas que eu não conhecia, me pegou de surpresa. O que, afinal de contas, eu faço? Eu poderia responder: "Sou assistente administrativa na minha igreja", a profissão registrada em minha carteira de trabalho. Também poderia dizer, "Sou mãe", a função que mais ocupa meus dias. Ou poderia declarar: "Sou escritora", meu sonho de infância pelo qual tento batalhar em meu tempo livre. Ou, por fim, poderia dizer: "Sou professora da Bíblia", mas eu tentei essa resposta uma vez em um banco e recebi olhares esquisitos. Não lembro o que respondi naquele dia, mas lembro bem os sentimentos que me acometeram diante daquela pergunta, porque eles sempre aparecem quando vivencio isso: dúvida, incerteza e confusão.

Eu acho curioso, e não acidental, que a pergunta "O que você faz?" venha quase sempre imediatamente após a apresentação inicial entre dois estranhos, quando eles declaram seus nomes um ao outro. É uma sucessão perigosa de ideias — primeiro, quem sou, meu nome; depois o que faço, minha profissão. Parece-me que isso reflete a forma como nossa sociedade enxerga o trabalho: nós somos o que fazemos, e as duas coisas estão atreladas, enroscadas em um nó, e já não sabemos mais realmente qual é nossa identidade para além da nossa ocupação. Não causa surpresa, então, que muitas mulheres tenham tanta dificuldade quando precisam preencher a lacuna "ocupação" em qualquer tipo de documento ou formulário. Se fico em casa lavando louça, trocando fraldas e tirando pó, o que coloco?

Escrava? Inútil? Aquela-que-teve-sonhos-e-ambições-mas-jogou-tudo-no-lixo? Do lar?

Assim como eu naquela reunião social, talvez você também odeie o momento inicial de conhecer novas pessoas, por saber que, eventualmente, sua ocupação se tornará o tema da conversa, e um sentimento de inutilidade se instalará. "E se eu disser que trabalho em uma loja do shopping, e ela disser que é médica?"; "E se eu falar que sou diarista, e ela, advogada?"; "E se ela revirar os olhos quando descobrir que, enquanto ela está por aí, mudando o mundo, eu passo meus dias das sete às sete fazendo algo que ela vê como banal?". A verdade é que muitas de nós caímos na mentira pregada pelo mundo de que quem nós *somos* é definido pelo que *fazemos*, e por isso tememos a terrível pergunta que chacoalha todo o nosso interior: *So... what do you do?*

Deus que trabalha

"No princípio, criou Deus" — essas são as primeiras palavras das Sagradas Escrituras. A bela narrativa de todo o universo não começa com sonhos ou com um "Era uma vez", mas com ação e trabalho. Quando Deus se apresenta, de uma forma que não é diferente de nós quando conhecemos alguém, ele declara não somente quem é, mas também o que faz. É como se, no cartão de visitas divino, pudéssemos ler: "Deus — Criador".

A palavra original hebraica empregada na narrativa de Gênesis para descrever Deus trabalhando na criação é *melakhah*, que é usada em outras passagens em relação ao trabalho ordinário feito por humanos. Esse detalhe é notório porque Gênesis apresenta um Deus completamente diferente dos deuses da mitologia antiga a quem os povos ao redor dos israelitas, audiência original de Gênesis, adoravam. Os povos antigos criaram deuses que odiavam o trabalho em razão de o considerarem inferior à sua divindade. Em algumas culturas, as pessoas criam até mesmo que a criação dos seres humanos se dera justamente porque os deuses queriam delegar seu trabalho a criaturas menores, inferiores. Mas não o Deus da Bíblia. *Yahweh* é o primeiro e melhor trabalhador de todo o universo, e não somente considera o trabalho algo digno de ser feito por ele mesmo, como também encontra nele uma fonte de prazer. Durante todo o processo de criação, o Senhor para, admira seu trabalho e declara: "É bom!". Conforme podemos ver no verso que abre esse capítulo, Deus enxerga o trabalho como um deleite, como algo que deve ser feito na *maior* parte do tempo, e não como algo que deva ocupar nosso tempo rapidamente, feito com o objetivo de ser logo concluído.

A expressão hebraica traduzida em Gênesis 1.2 como "a terra estava sem forma e vazia" é *tohu wa-bohu* algo que teria melhor tradução, de acordo com alguns teólogos, como "imensidão deserta". É como se a terra fosse não um buraco negro sem nada, mas, sim, uma grande imensidão vazia e sem vida. É assim que começa o trabalho de Deus: ele toma aquilo que estava sem cultivo, deserto, morto, e pouco a pouco, com seu próprio labor, adiciona cor, textura, forma, beleza e vida. Deus poderia ter criado tudo com apenas uma palavra saída de sua boca. Afinal, ele é todo-poderoso! Mas Deus *escolheu* trabalhar. Não deixe isso passar despercebido na narrativa da criação. Deus se dedicou, de forma intencional, a transformar algo previamente deserto em um lugar abundante de vida. Ele decidiu transformar, por meio de trabalho, algo de *tohu wa-bohu* em Éden. E, quando ele terminou, "sentou-se" e admirou o fruto de seu trabalho, declarando-o muito bom.

E essa não foi a única vez que Deus seguiu esse padrão sobre seu trabalho. Na profecia de Isaías, vemos o que é dito sobre Jesus Cristo: "Ele verá o fruto do penoso trabalho de sua alma e ficará satisfeito" (Is 53.11, ARA). Depois de seu terrível sofrimento na cruz, e após a separação de seu Pai, o Filho olha para seu trabalho e diz: "Muito bom". Há satisfação divina não somente na criação do homem, mas também na redenção do homem. O trabalho de Deus não começou na criação, mas, sim, no plano da redenção que foi firmado pela Santa Trindade, antes do início de tudo. Deus começou seu trabalho redentor na eternidade, permanece ainda hoje redimindo e santificando os seus, e continuará fazendo isso "até o dia de Cristo Jesus" (Fp 1.6).

Jardineiras e rainhas

O que mais fascina no fato de que Deus trabalha é que ele, ao contrário de nós, não precisa trabalhar. Como vimos, Deus poderia ter criado tudo o que existe com apenas uma palavra de sua boca. Mas ele escolheu o caminho do trabalho, não somente através da *criação* em si — primeiro do cenário e depois daqueles que o povoariam —, como também através do *cuidado* daquilo que é criado. Deus cria e provê. Ele planta um jardim e o rega. Ele forma o homem e lhe dá uma esposa.

A Bíblia diz que Deus "tomou, pois, ao homem e o colocou no jardim do Éden para o cultivar e o guardar" (Gn 2.15, ARA). O Criador garante que sua obra funcione perfeitamente bem não ao prosseguir, ele mesmo, no cultivo constante da criação, mas ao convidar o homem a ser seu parceiro nessa tarefa. A palavra "cultura" vem justamente da ideia de cultivo, de pegar um material bruto e agir sobre ele de maneira a transformá-lo em algo melhor, para o bem de si mesmo e de outros. Aliás, essa é a definição de trabalho que o teólogo Timothy Keller estabelece: o rearranjar de materiais crus da criação de Deus de modo a torná-los úteis ao mundo em geral, e às pessoas em particular, para que prosperem e floresçam.[1]

Quando falamos sobre Mandato Cultural, estamos trazendo justamente essa ideia de que Deus deu ao homem e à mulher o comando de *multiplicar*, como já vimos no capítulo anterior, e também de *dominar* sobre a criação, usando-a não para suas próprias ambições, mas cultivando-a como bons jardineiros. Esse comando foi dado a Adão e Eva como representantes iniciais de toda a humanidade (Gn 1.28) e, posteriormente, também a Noé como o representante da humanidade que permaneceria após o dilúvio (Gn 9.1). E nós, hoje, permanecemos cumprindo esse chamado de Deus sempre que, como diz Keller, trazemos ordem ao caos do mundo — lavando louças, cozinhando, amamentando, vendendo roupas, codificando novos aplicativos virtuais ou liderando uma multinacional.

[1]Timothy Keller, *Every Good Endeavor: Connecting Your Work to God's Work* (Nova York: Penguin Random House LLC, 2014), p. 59.

Essa perspectiva muda tudo, não? Quando compreendemos que trabalho não é somente ter um chefe (ou ser um chefe) e receber um cheque no final do mês, mas, sim, cultivar o potencial que o Criador colocou no mundo para o bem do nosso próximo e para a glória dele mesmo, então nos libertamos de muitas correntes! Se cumprimos nosso chamado como jardineiras da criação não só em um escritório, mas também em nossas cozinhas, então já não precisamos mais nos sentir diminuídas quando vivemos uma fase da vida em que a cozinha parece ser, de fato, o lugar no qual passamos a maior parte dos dias. Por outro lado, se somos jardineiras não somente quando cortamos cenouras, mas também quando nos sentamos em um escritório — como uma amiga minha, por exemplo, com uma arma de fogo em sua cintura enquanto trabalha em uma penitenciária —, então podemos encontrar paz em saber que ali também estamos cumprindo nosso chamado. Na cozinha ou no escritório, onde quer que Deus nos tenha colocado nessa etapa da vida, ali cultivamos o mundo que ele criou, e exatamente no local em que estamos plantados é que temos a oportunidade de semear o evangelho de forma única à nossa situação.

Vejamos mais um termo original em hebraico: *selem elohim*, que traduzimos como "imagem de Deus" em Gênesis 1.26, era algo usado nas culturas antigas pagãs somente para reis e rainhas. Os monarcas eram os únicos que poderiam ser considerados sombras, imagens do divino, e eram vistos e respeitados como os representantes últimos dos deuses. Mas o Deus cristão, ao contrário dos falsos deuses pagãos, declara, na criação do primeiro homem e da primeira mulher, que ambos eram *selem elohim*, reis e rainhas feitos à imagem do Divino. Vemos essa ideia reforçada justamente no Mandato Cultural, quando Deus nos manda ter domínio sobre a Terra. O termo traduzido como "domínio", *rada*, traz essa noção de reino, daquilo que é reservado apenas à monarquia. Assim, nós, mulheres, ao lado dos homens, fomos chamadas por Deus a não somente cultivarmos a Terra como jardineiras, como também a reinarmos sobre ela, garantindo que a criação seja bem regida. Quando trabalhamos, cumprimos esse chamado ao produzir uma sociedade em que a beleza, a bondade, a excelência e a graça de Deus reinam. Governamos o mundo como rainhas que carregam a imagem de Deus quando garantimos que, qualquer que seja nosso ofício, Deus esteja sendo visto e glorificado em nós; e quando, como todo bom monarca, colocamos o serviço prestado ao outro acima de nossos desejos e de nossas ambições individuais.

O trabalho é um chamado desde a criação não apenas a um dos sexos, mas a ambos. Homem e mulher são os jardineiros e os monarcas que Deus colocou sobre sua criação para cultivá-la e garantir que prospere para o bem de todos. A queda manchou essa bela proposta inicial quando os seres humanos decidiram que queriam não ser *como* Deus; queriam, isto sim, ser eles próprios deuses. Entretanto, quando Deus promete no jardim um descendente real que, ainda que ferido pela serpente, pisaria sua cabeça de uma vez por todas, restabelece a esperança de que, um dia, voltaríamos à nossa posição e ao nosso chamado iniciais. O apóstolo Pedro escreve a esse respeito em sua carta, ao dizer que nós, em Cristo, somos "geração eleita, *sacerdócio real*, nação santa, povo exclusivo de Deus" (1Pe 2.9, grifos meus). Jesus nos permite voltar à nossa vocação inicial e nos restabelece como realeza, não para nossas próprias ambições, mas justamente com o fim de "anunciar as grandezas daquele que os chamou das trevas para a sua maravilhosa luz" (1Pe 2.9). Nosso chamado é este: trabalharmos de modo a representarmos nosso Deus no mundo, como jardineiras e monarcas, para que todos ao nosso redor vejam aquele que nos chamou para seu reino de luz.

Quão significativo e importante o trabalho é para todo cristão! O reformador Martinho Lutero disse que o trabalho é a máscara de Deus,[2] ou seja, quando executamos nossos ofícios, sejam eles quais forem, somos as mãos e os pés de Deus no mundo. Quando oramos: "Senhor, alimenta-nos hoje", Deus usa o fazendeiro, o padeiro, o comerciante, o entregador e aquele que cozinha para nos alimentar. Quando dizemos:

[2] Citado em J. D. Greear, "Martin Luther on the 'Masks of God'", *J. D. Greear Ministries*, 5 de agosto de 2013, <https://jdgreear.com/martin-luther-on-gods-masks/>.

"Pai, protege-nos", Deus usa o policial, o governante, o produtor de material de segurança residencial, o carpinteiro que faz portas. Percebe o que Lutero quis dizer? Deus usa meios para cumprir seus propósitos, e esses meios são os seres humanos em seus ofícios, servindo, de modo fiel, a Deus e aos homens. Quando trabalhamos com excelência, tornamo-nos as máscaras que Deus usa para se "esconder", quando, na verdade, é ele quem age através e apesar de nós.

O trabalho e as mulheres na Bíblia

Uma das dúvidas mais frequentes que recebo como alguém que tem como ofício ensinar a Bíblia a mulheres é a seguinte: "O trabalho não é um chamado somente aos homens?". Creio que essa pergunta é justa especialmente porque vivemos em uma época que, como já vimos, tende a ir de um extremo a outro. Por um lado, temos uma sociedade com tendências feministas que diz às mulheres que elas devem desprezar qualquer tendência à domesticidade e focar uma bem-sucedida carreira assalariada. Por outro lado, encontramos alguns conservadores extremistas que dizem às mulheres que o lugar delas é sempre no lar, independentemente de qualquer circunstância, e que, se elas ousarem assumir um ofício assalariado, estão indo contra seu papel feminino. Se você chegou até aqui na leitura deste livro, já deve imaginar que não concordo com nenhum dos dois extremos.

Parece-me que a dificuldade maior de compreendermos o que a mulher foi realmente chamada a fazer em relação ao trabalho reside justamente em nossa definição equivocada, ou incompleta, do que seja trabalho. Como já vimos, as mulheres são chamadas tanto quanto os homens ao trabalho, e isso desde antes de o pecado entrar no mundo. Deus queria que as mulheres trabalhassem quando as criou, e não foi o pecado, muito menos o movimento feminista, que colocou em nós o desejo pelo labor. "O fato de Deus ter colocado o trabalho no paraíso nos é surpreendente porque, com frequência, pensamos no trabalho como um mal necessário ou até mesmo como uma punição", escreveu Timothy Keller. "[Mas] trabalho é uma necessidade básica humana, tanto quanto comida, beleza, descanso, amizade, oração e sexualidade; não é apenas um remédio, mas, sim, um alimento para a alma".[3] Note que Keller não disse que o trabalho é uma necessidade para o sexo masculino, mas, sim, uma necessidade *humana*. Quando dizemos às mulheres que o desejo natural que elas têm de trabalhar é algo implantado em suas mentes pelas feministas, estamos dando o crédito de algo que Deus fez a um movimento secular mundano. Por essa razão, penso que é necessário voltarmos à Palavra para ver se encontramos exemplos de mulheres trabalhando e se descobrimos se, nesses exemplos, Deus as está louvando ou repreendendo.

Eva

Na verdade, não precisamos ir muito longe na leitura bíblica, uma vez que Deus apresenta esse conceito, como vimos, logo nas primeiras páginas. Quando Adão recebe sua esposa, sua *ezer*, sua ajudadora, não diz: "Bom, aqui está uma criatura que me atrapalhará enquanto eu estiver tentando cumprir o chamado que Deus me deu de multiplicar e dominar a terra". Não! Nós o vemos exclamar algo como: "Enfim!" (Gn 2.23). Por fim, Adão recebe aquela que o ajudaria não somente a encher a Terra com outros *imago Dei*, por meio da concepção, como também a dominar a Terra com o trabalho de suas mãos! Eva é a primeira trabalhadora que encontramos na Bíblia, e Deus a repreendeu por isso? Pelo contrário, Deus a criou *exatamente* com esse propósito! Aqui está o começo da narrativa do trabalho feminino na Bíblia Sagrada — não repreendido por Deus, mas, sim, designado por ele. Quando o pecado entra no mundo pela queda dos homens, vemos que a maldição se estende ao homem em relação ao domínio da Terra ("do suor do teu rosto..."); e, à mulher, em relação ao encher a Terra ("com dores terás filhos..."). Mas, se a mulher não passa, a partir da queda, a encher a Terra sozinha (o que seria biologicamente impossível), também não podemos depreender do texto que o homem passaria a cumprir o domínio sozinho. Ambos

[3] Keller, *Every Good Endeavor*, p. 37.

dominam e ambos enchem, mas cada um agora sofrendo, de forma específica, dentro desses ofícios.

Débora

Se continuarmos folheando a Bíblia, encontraremos outra trabalhadora digna de nossa atenção: a juíza Débora. Infelizmente, alguns cristãos gostam de usar a história de Débora, especialmente sua interação com Baraque, para exemplificar o que acontece quando os homens não são fiéis a Deus. Muitos defendem, aliás, que Débora só era juíza sobre Israel porque os homens não estavam desempenhando seu papel, como se ela fosse uma maldição enviada pelo próprio Deus, como castigo ao povo. Mas é isso que a Bíblia diz? Em Juízes 4.4, lemos: "Débora, profetisa, mulher de Lapidote, julgava a Israel naquele tempo". Ainda que Débora seja a única juíza mencionada no livro, não há nenhum verso que embase a defesa de que assim o fazia como uma maldição enviada por Deus. Vemos que, depois da morte de Josué, o povo de Israel se rebelou contra Deus e, em consequência, seus inimigos os oprimiram; mas ele, em sua misericórdia, levantava juízes, que eram líderes civis, e a Bíblia diz que, "quando o SENHOR lhes suscitava juízes, [ele] era com o juiz e os livrava da mão dos seus inimigos, todos os dias daquele juiz" (Jz 2.18, ARA). Não há passagens em Juízes que embasem a ideia de que Débora tenha sido uma exceção a essa regra. Podemos crer, então, que Débora foi, assim como os outros juízes, chamada por Deus para esse trabalho específico. E sabe o que é interessante? Débora contrasta com os outros juízes da narrativa bíblica como a mais piedosa entre eles, mesmo sendo a única mulher!

A mulher de Provérbios 31

Em nosso capítulo sobre a feminilidade exclusiva, abordei um pouco da passagem de Provérbios 31, possivelmente a mais famosa passagem na Bíblia sobre o ideal feminino. Ali, aprendemos que a virtuosidade daquela mulher ideal não estava atrelada ao seu estado civil; e agora quero destacar o fato de que tampouco estava combinada a uma rejeição ao trabalho; pelo contrário, encontrava-se atrelada a ele. Nos versos 11-12, vemos o foco no relacionamento conjugal da mulher ideal; os versos 20-21 apontam para seu cuidado em relação àqueles ao seu redor; o verso 22, para o autocuidado e a própria aparência; e, finalmente, os versos 23, 28-30 mostram o resultado de tudo isso: louvor a ela e à sua família. Mas observe que os versos 13-19, 24 e 27 — a maior parte do poema — falam especificamente sobre os tipos de trabalho que essa mulher exercia, desde o labor manual, passando por empreendedorismo, até o trabalho doméstico. Você não acha que deveria chamar a atenção o fato de que o poema de uma mãe a um filho sobre as características de uma esposa ideal tem como maior foco (pelo menos quanto à questão quantitativa) o quão trabalhadora essa mulher deveria ser?

Lídia e as mulheres do Evangelho de Lucas

Finalmente, passemos ao Novo Testamento, para ver os exemplos que ali encontramos de mulheres trabalhando. Comecemos por uma de minhas mulheres preferidas no texto sagrado: Lídia.

O primeiro relato que temos dessa cristã notável está em Atos, quando o apóstolo Paulo chega à cidade de Filipos e encontra um grupo de mulheres orando à beira de um rio (At 16.11-15). Entre essas mulheres, estava Lídia, uma vendedora de púrpura. Tiatira, a cidade natal de Lídia, era originalmente conhecida por seus tecidos tingidos da cor púrpura, que eram produtos caros, o que nos leva a crer que Lídia era uma mulher que tinha um negócio lucrativo. Depois de convertida pela pregação de Paulo, Lídia foi anfitriã da igreja que ele fundou na cidade de Filipos, e essa igreja foi um grande regozijo para o apóstolo, como podemos ver em sua carta destinada a eles, Filipenses, considerada pelos teólogos "a carta da alegria". É interessante ver como Deus usou uma mulher influente para ser a primeira convertida relatada da Europa. Sua posição financeira foi usada para a glória de Deus e a expansão de seu reino, e não dispomos de qualquer relato bíblico sugerindo que Lídia tenha abandonado seu ofício após a conversão.

No Evangelho de Lucas, encontramos outro exemplo notável de mulheres que usam suas finanças para o avanço do evangelho. Em Lucas 8, lemos que, junto a Jesus e aos Doze, estavam "também algumas mulheres que haviam sido curadas de espíritos malignos e doenças: Maria, chamada Madalena, de quem haviam saído sete demônios; Joana, mulher de Cuza, administrador da casa de Herodes; Susana e muitas outras", e que "essas mulheres ajudavam a sustentá-los com os seus bens" (v. 2-3). Em uma época em que as mulheres eram consideradas cidadãs de classe secundária, é fascinante que Lucas liste muitas como sustentadoras do ministério de um mestre da lei.

Marcos, em seu Evangelho, diz que essas mesmas mulheres estavam presentes na crucificação e que, não somente *sustentaram* o ministério de Cristo financeiramente, como também "*serviam*" (Mc 15.40, ARA, grifos meus). Essas mulheres foram companheiras de Cristo durante seu ministério terreno, trabalhando ao seu lado e servindo a ele não somente com seu dinheiro, mas também com suas vidas.

Priscila

Outra mulher proeminente no ministério do apóstolo Paulo foi Priscila, esposa de Áquila. Esse casal é citado na carta de Paulo aos romanos como seus "colaboradores de luta", com o apóstolo até mesmo louvando-os por haverem arriscado a própria vida por ele (Rm 16.3-4). Áquila e Priscila tinham como ofício fazer tendas (At 18.3), e o apóstolo Paulo, por ter a mesma experiência profissional, se junta a eles por algum tempo. Observe atentamente a seguinte passagem: "Paulo aproximou-se *deles*. E, posto que eram do mesmo ofício, passou a morar com *eles* e ali trabalhava, pois a profissão *deles* era fazer tendas" (At 18.3, ARA, grifos meus). O texto deixa claro que o ofício era do casal, e não somente do marido. Alguns teólogos sustentam que, posteriormente, esse período da vida de Paulo é citado em sua carta aos coríntios, quando o apóstolo discorre sobre ter trabalhado com as próprias mãos para não impor um fardo aos irmãos (1Co 9).

Ao nomear essas mulheres da narrativa bíblica, não busco listar exaustivamente todas as mulheres cujo labor é descrito na Bíblia, mas tão somente mostrar várias ocasiões em que as mulheres são não apenas descritas como trabalhadoras, mas também louvadas por isso (e quando não são diretamente louvadas, tampouco são repreendidas). Na verdade, não há um só trecho bíblico que mostre Deus, ou algum representante de Deus, repreendendo as mulheres pelo simples fato de estarem trabalhando. E, como vimos, isso não acontece justamente porque o próprio Deus as criou para o labor.

Mas e o lar?

Estou ciente de que a grande dificuldade que muitos cristãos encontram na relação entre mulher e trabalho decorre do chamado bíblico da esposa para se concentrar no lar. Vemos isso na ordem que Paulo dá a seu aprendiz Tito, no sentido de "ensinar as mulheres idosas a [...] instruírem as jovens recém-casadas a amarem o marido e os filhos, a serem [...] *boas donas de casa* [...] para que a Palavra de Deus não seja difamada" (Tt 2.4-5, ARA, grifos meus); e também na carta do apóstolo a seu outro aprendiz, Timóteo, na qual ele diz firmemente: "Quero, portanto, que as viúvas mais novas se casem, criem filhos, sejam *boas donas de casa* e não deem ao adversário ocasião favorável de maledicência" (1Tm 5.4, ARA, grifos meus).

Se a Bíblia é tão clara ao dizer que as mulheres devem ser boas donas de casa, como podemos argumentar a favor de que também trabalhem? As duas atividades não são contraditórias?

Bom, ouso dizer que não, pois, como já vimos, a mesma Bíblia que determina que a esposa seja boa dona de casa mostra que Deus criou a mulher para o trabalho. Note que o apóstolo Paulo, que louvou Priscila (diretamente) e Lídia (indiretamente, ao louvar seus irmãos filipenses como um todo), é o mesmo que ordena às mulheres que sejam boas donas de casa. O que podemos inferir disso? Que o trabalho provavelmente não impedia Priscila e Lídia de manterem o foco em seus lares. E como isso era possível?

A sociedade judaica do Antigo Testamento e a sociedade greco-romana do Novo Testamento não conheciam a divisão contemporânea entre trabalho e casa. A vida pública e a vida privada eram uma só, com o ofício do marido sendo também o ofício da esposa e dos filhos (como vimos no caso de Áquila e Priscila, como casal; e de Jesus e José, em Mc 6.3 e Mt. 13.54-55, como pai e filho). A separação que conhecemos hoje só teve início com a Revolução Industrial, no final do século 18, que promoveu a saída dos maridos para o trabalho nas indústrias e a permanência das esposas no lar. Nesse contexto, as mulheres criavam um abrigo para o qual o marido, cansado da labuta, poderia voltar. Essa ideia permaneceu na cultura ocidental por séculos, e o foco na domesticidade que vemos na década de 1950, sobretudo nos Estados Unidos (que, como vimos, ainda hoje inspira alguns adeptos do que denominamos como feminilidade exclusiva), resulta do que teve início naquela época.[4] Assim, quando o apóstolo Paulo diz à esposa que seja uma boa dona de casa, estava encorajando não apenas o que hoje compreendemos como domesticidade, mas também o que atualmente chamamos de "trabalho". Priscila cuidava de seu lar tanto quanto de seu ofício como fabricante de tendas, ao lado de seu marido, de modo que, para ela e para todas as outras irmãs a quem Paulo escreveu, não havia ruptura entre os dois tipos de trabalho. A boa dona de casa, de acordo com os comandos de Paulo, seria a mulher que compreendia a própria influência na família e na sociedade, e que utilizava todas as oportunidades para expandir o reino de Deus.

Mas como podemos tomar essas mesmas premissas do relato bíblico e aplicá-las à nossa realidade, uma vez que, hoje em dia, o trabalho e o lar são, na maioria das vezes, duas esferas físicas distintas? Creio que algumas coisas precisam ser levadas em consideração.

Em primeiro lugar, temos de compreender que a vida é feita de etapas, e que cada uma delas apresenta diferentes oportunidades e responsabilidades às mulheres. Nosso tempo, nossas energias, nossos

[4] Carolyn McCulley e Nora Shank explanam essa temática muito bem em sua obra *Mulher, cristã e bem-sucedida: Redefinindo biblicamente o trabalho dentro e fora do lar* (São José dos Campos, SP: Fiel, 2018).

talentos e nosso trabalho são todos investimentos que Deus nos dá e em relação aos quais espera que sejamos bons mordomos (Mt 25.14-30; 1Pe 4.10; Tg 1.17). Quem mais precisa de você e de seu serviço em sua atual fase de vida? Como isso se dará na prática? Cada mulher precisará responder a essas perguntas por si mesma, e não cabe a mim ditar regras específicas. Toda mulher precisa abraçar sua identidade de jardineira e rainha, cultivando e dominando o mundo na situação em que se encontra — no lar, no escritório, no *home office*...

Como já vimos no capítulo sobre feminilidade exclusiva, compreendo que, quando uma mulher está desempenhando o papel de mãe, de forma específica, seria ideal e maravilhoso que ela cumprisse seu papel de jardineira e rainha ao lado de seus filhos de forma integral, inculcando na mente deles a Palavra de Deus. Como vimos no capítulo anterior, a vida é algo de extremo valor aos olhos de Deus, de modo que temos de compreender que uma vida humana sempre será prioritária em relação a qualquer outra coisa. De forma prática, podemos concluir que uma mãe que tem a possibilidade de escolher entre dar foco aos filhos ou à carreira, duas coisas positivas em si mesmas, deve compreender que escolher seus filhos é escolher aquilo que a Bíblia diz ser a herança que vem do próprio Deus (Sl 127.3). Muitas mulheres se sentem chamadas a exercer seus ofícios para além do lar, e esses ofícios, em sua maioria, são positivos e benéficos à sociedade. Entretanto, na etapa da vida em que seus filhos necessitam de cuidados físicos, emocionais e espirituais, uma mãe precisa vê-los não como empecilhos ao seu chamado, mas como o próprio chamado. Minha filha não é uma distração à minha missão de escrever este livro; *ela é* a minha missão nesta etapa da minha vida, e este livro, um chamado secundário que, pela graça, consigo cumprir enquanto ela dorme ou passa algum tempo com o pai, os avós ou os amigos.

Quando Deus deu à mulher o privilégio de carregar uma vida em si, também lhe atribuiu a responsabilidade de cuidar dessa vida para além do ventre. Vemos isso de forma literal na forma como o corpo feminino carrega e nutre o corpo do bebê durante nove meses, e depois produz o alimento do primeiro ano de vida da criança. É claro que o pai tem grande responsabilidade no cuidado dos filhos, e que a criação deles é um comando que Deus dá ao casal, e não exclusivamente às mães (Dt 6), mas não podemos ignorar a biologia do corpo feminino e o fato de que à mãe cabe o zelo especial de nutrir os filhos e mantê-los seguros, debaixo de "suas asas".

A sociedade contemporânea separou as esferas físicas do trabalho, tornando quase impossível a ideia de ofícios compartilhados pelos membros da família, como ocorria nos tempos bíblicos, e cabe ao marido garantir que sua família receba provisão física. É ele quem sai do espaço físico do lar e ingressa no espaço físico do "mercado de trabalho". Quando Paulo estabelece um paralelo entre o casamento humano e o relacionamento entre Cristo e a igreja em Efésios 5, diz que os maridos devem amar suas esposas e "alimentar e cuidar" delas, como Cristo faz com a igreja (v. 29). As palavras originais gregas encontradas nesses dois verbos sugerem cuidado físico, e não somente espiritual. A mesma palavra traduzida como "alimenta" também é encontrada em Efésios 6.4, sobre a criação dos filhos, e o mesmo vocábulo traduzido como "cuida" é visto em 1Tessalonicenses 2.7, que aborda o cuidado que uma mãe deve ter com os filhos. A ideia, então, é que o marido tem a responsabilidade de garantir a segurança e a estabilidade física de sua esposa, assim como os pais garantem a segurança e a estabilidade física de suas crianças. O paralelo é ainda mais profundo porque é feito com base no cuidado que Cristo tem com sua amada igreja. Paulo não dá espaço aos maridos para que abram mão da responsabilidade que suas famílias trazem. Assim como o marido ama seu próprio corpo, alimentando-o e cuidando dele diariamente, com o fim de garantir sua sobrevivência, também é comandado a amar sua esposa.

Entretanto — e isso é muito importante —, é preciso lembrar que *não* vivemos em um mundo ideal. Muitas mulheres não recebem esse tipo de amor e cuidado de seus maridos ou do pai de seus filhos, razão pela qual, infelizmente, a escolha por trabalhar ou não integralmente no lar é privilégio de algumas mulheres com situações social e financeira específicas. De acordo com dados do Instituto Brasileiro de Geografia e Estatística (IBGE) referentes a 2019 e divulgados em 2021,[5] 54,5% das mulheres brasileiras integravam a força de trabalho no país. Em média, receberam 77,7% do montante auferido pelos homens. Além disso, as mulheres dedicavam ao cuidado de pessoas ou afazeres domésticos quase o dobro de tempo dos homens (21,4 horas semanais contra 11 horas).[6] Nesse ano da pesquisa, a remuneração média das mulheres era de R$ 1.985,00; a dos homens, R$ 2.555,00.[7] Nesse mesmo ano, o aluguel mais barato no país foi apurado em Goiânia — R$ 16,82 por m^2/mês.[8] Assim, um apartamento relativamente pequeno, de $50m^2$, por exemplo, custaria aproximadamente 42% do salário médio de uma mulher, e cerca de 32% do salário médio de um homem, e isso em um lugar em que o aluguel estivesse na média mais barata possível. Se levarmos em consideração o valor do salário mínimo, e não o salário médio, veremos que, em 2019, o preço do aluguel do apartamento imaginário que estamos usando como exemplo mal seria coberto pelo salário mínimo (na ocasião, R$ 998,00). E sabe o que é mais triste? Em 2018, cerca de 54 milhões de brasileiros não chegavam a ganhar nem mesmo um salário mínimo![9]

[5] IBGE — Instituto Brasileiro de Geografia e Estatística, "Trabalho", *Brasil em Síntese*, <https://brasilemsintese.ibge.gov.br/trabalho.html>.

[6] Léo Rodrigues, "Estudo revela tamanho da desigualdade de gênero no mercado de trabalho", *Agência Brasil*, 4 de março de 2021, <https://agenciabrasil.ebc.com.br/economia/noticia/2021-03/estudo-revela-tamanho-da-desigualdade-de-genero-no-mercado-detrabalho>.

[7] Alerrandre Barros, "Homens ganharam quase 30% a mais que as mulheres em 2019", *Agência IBGE Notícias*, <https://agenciadenoticias.ibge.gov.br/agencia-noticias/2012-agencia-de-noticias/noticias/27598-homens-ganharam-quase-30-a-mais-que-as-mulheres-em-2019>.

[8] Karla Mamona, "Preço do aluguel de imóvel residencial ficou acima da inflação em 2019", *Exame*, 16 de janeiro de 2020, <https://exame.com/invest/minhas-financas/preco-do-aluguel-de-imovel-residencial-ficou-acima-da-inflacao-em-2019/>.

[9] Pedro Capetti e Cássia Almeida, "Mais da metade dos trabalhadores brasileiros têm renda menor que um salário mínimo", *O Globo*, 16 de outubro de 2019, <https://oglobo.globo.com/economia/mais-da-metade-dos-trabalhadores-brasileiros-tem-renda-menor-que um-salario-minimo-24020453>.

Por que estou trazendo todos esses números? Porque podemos passar páginas e mais páginas deste livro lendo passagens avulsas da Bíblia para provar que a mulher *deve*, sim, ficar no lar em detrimento de qualquer trabalho fora dele, mas a realidade do mundo caído em pecado não se importa com nosso pragmatismo teológico ou com nossas exegeses controversas. Ela permanece dura, crua e cruel. Por isso defendo que não devemos perguntar se a mulher pode ou não trabalhar para além do lar, mas, sim, como ela pode manter seu coração em Deus, ainda que seja no trabalho além do lar, confiando que, nessa realidade, ele também pode santificá-la e transformá-la à imagem de seu Filho. E não somente isso — caso ela seja mãe, também pode confiar que o Senhor tem seus filhos nas próprias mãos e os manterá seguros nele.

A realidade brasileira é historicamente cruel, e o trabalho é uma escolha para uma parcela bem pequena da população.[10] Veja bem, não estou colocando a realidade circunstancial do Brasil, ou de qualquer outro país, acima da Bíblia, como se Deus não pudesse prover seus filhos. Como já vimos no capítulo sobre maternidade, creio que as dificuldades do mundo não devem representar impedimento para que tenhamos filhos. O que realmente não vejo, como já defendemos até aqui, é um comando bíblico que rejeite o labor feminino como um todo. O que encontro nas Escrituras é um chamado ao marido para que cuide de sua família e, à esposa, para que seja uma boa dona de casa, de acordo com a definição abrangente que vimos como a intenção original de Paulo. Assim, muitas mulheres na situação de necessidade financeira cumprem seus chamados de foco na família justamente ao trabalhar. Por outro lado, como vimos, Deus dá às mulheres dons e talentos que devem ser considerados na escolha de uma profissão. Por isso, não devemos condenar a mulher que encontra no trabalho profissional

[10] E aqui cabe ponderar de maneira específica a situação da população negra brasileira, a qual, em sua maioria, não tem a opção de não trabalhar, devido à herança de desigualdades que a escravidão deixou. O vídeo a seguir explica essa situação: “O Brasil depois da abolição da escravatura”, Canal Nostalgia (YouTube), 10 de fevereiro de 2021, <https://youtu.be/kaD2kBpWuV0>.

a possibilidade de ser a jardineira e a rainha que Deus a chamou para ser, em sua situação específica.

Você percebe que não se trata de "pode ou não pode"? Trata-se de como aplicar as ordens divinas — nesse caso, o foco na família, a santificação pessoal e o serviço ao próximo — à nossa realidade específica. Esse é o verdadeiro significado de sabedoria bíblica. A propósito, a Bíblia está muito mais interessada na *forma como* fazemos nosso trabalho do que no *lugar onde* o realizamos. Veja que o comando que Paulo deu aos seus irmãos colossenses, no sentido de fazer tudo "de todo o coração, como para o Senhor, e não para homens" (Cl 3.23), foi dado a esposas, maridos, filhos e servos. Independentemente de nossa posição social e da fase de vida, quer estejamos trabalhando integralmente dentro de casa, quer não, somos chamadas a reconhecer que, qualquer que seja o ambiente físico do nosso labor, é a Cristo que estamos servindo (Cl 3.24), e isso tem um peso muito grande. Quem temos sido enquanto realizamos nosso trabalho? Temos glorificado a Deus com tudo o que fazemos, ou estamos apenas buscando nossa própria glória, dentro ou fora do lar?

Joe Rigney propõe que, ao encontrarmos passagens ou noções difíceis na Bíblia, devemos explicá-las através de três lentes: natureza, Escrituras e cultura.[11] Na questão da mulher e do trabalho, penso que esse método nos ajudará. Começando pela lente da *natureza*, vemos que Eva foi biologicamente criada, assim como toda mulher depois dela, de modo a carregar em seu ventre a vida humana e sustentá-la de forma exclusiva pelo primeiro ano de sua existência. O homem, ainda que indispensável na concepção, faz-se dispensável a partir desse momento, pelo menos no que diz respeito à sobrevivência física do bebê. É justamente essa separação física que permite que muitos homens recusem suas responsabilidades paternas, ignorando as necessidades emocionais, afetivas e espirituais que toda criança tem em relação a seus pais. A lente da natureza nos esclarece que a mulher

[11] Joe Rigney, "What Makes a Man — or a Woman?", *Desiring God*, 9 de setembro de 2020, <https://www.desiringgod.org/articles/what-makes-a-man-or-a-woman>.

tem, por desígnio divino, de forma específica e exclusiva, o privilégio de nutrir os filhos.

Aplicando, então, a lente das *Escrituras* ao tema, encontramos base bíblica para defender que a mulher foi criada para o trabalho (assim como o homem), recebendo, com ele, a responsabilidade por cultivar o mundo que Deus criou. Vimos exemplos de mulheres no relato bíblico que trabalharam, e muito, para a glória de Deus e a expansão de seu reino. Porém, também encontramos passagens que ordenam a mulher a focar prioritariamente a família e o lar.

Assim, por fim, podemos aplicar a lente da *cultura* e reconhecer que, desde a Revolução Industrial, a sociedade separou as esferas pública e privada, inviabilizando, na maior parte dos ofícios, a opção de trabalhar simultaneamente com a criação dos filhos, dentro do lar físico.

Quando aplicamos todas essas lentes ao nosso tema específico, podemos concluir que a biologia feminina (natureza) e o relato bíblico (Escrituras) apontam para o foco da mulher em sua família e em seus filhos, mas que, em um mundo não ideal (cultura), temos de estender a graça a toda mulher que não tem a opção de permanecer integral e fisicamente em seu lar, com a certeza de que, por causa do trabalho salvífico do Filho, todas as mulheres que estão em Cristo são amadas, vistas e acolhidas por Deus, independentemente das circunstâncias.

Infelicidade feminina

Escrevo este capítulo como uma das mulheres privilegiadas que têm a oportunidade de permanecer integralmente no lar com seus filhos. Espero ter sido graciosa o suficiente com minhas irmãs em Cristo que não têm esse privilégio, de modo que elas se sintam abraçadas e vistas, e que reconheçam a graça de Deus sobre suas circunstâncias. Mas, agora, eu gostaria de falar especificamente às irmãs que, como eu, estão cumprindo seu chamado de jardineiras e rainhas dentro de seu lar.

Confesso que há dias em que a pilha de louça, as fraldas sujas e o cortar de cenouras parecem qualquer coisa menos um chamado divino. Há dias em que eu gostaria de apenas colocar uma roupa mais arrumada e sair com uma bolsa de couro, rumo a um escritório e a um propósito. E há dias, ainda que raros, em que desejo não ter um bebê sempre agarrado às minhas pernas. A verdade é que há dias em que me sinto escravizada ao lar, e acabo comprando as mentiras que nossa sociedade grita, acreditando que trabalhar dentro de casa é um completo desperdício de vida. Foi exatamente isso que as feministas da Segunda Onda declararam, e foi contra esse "problema sem nome" que lutaram. Mas agora, cerca de sessenta anos após a Segunda Onda, será que as mulheres são mais felizes por terem saído de seus lares em busca de vidas mais bem-sucedidas?

Um artigo do site *Psychology Today*, de 2011, assinala que, "embora as circunstâncias de vida das mulheres [dos Estados Unidos] tenham melhorado muito nas últimas décadas, em face da maioria das medidas objetivas, sua felicidade diminuiu — tanto em termos absolutos como em relação aos homens".[12] Há divergências acerca do motivo real da infelicidade feminina — alguns atribuem à diferença salarial em relação aos homens; outros culpabilizam a dura realidade do abuso sexual, entre outros fatores. Mas o fato é que os números de depressão e casos de suicídio entre mulheres alcançou os índices mais elevados da história, o que prova que as feministas da Segunda Onda estavam erradas ao concluir que sair do lar seria a solução para a infelicidade feminina.

Mas será que devemos concluir, então, que ficar no lar é a resposta? Creio que não. Como já defendi, a Bíblia nos mostra a importância da família e a necessidade de foco nos filhos que Deus nos entrega. Entretanto, seria ingênuo e perigoso concluirmos que a felicidade das mulheres está assegurada desde que elas permaneçam em seus lares em tempo integral. A verdade é que, ainda que esse seja o ideal para as mães, o trabalho no lar não é a solução para as aflições femininas

[12] Sherrie Bourg Carter, "Meet the Least Happy People in America", *Psychology Today*, 17 de setembro de 2011, <https://www.psychologytoday.com/us/blog/high-octane-women/201109/meet-the-least-happy-people-in-america>.

— Cristo é. Se olharmos para os ideais feministas, cairemos no engano de que o trabalho no lar não é profundamente significativo. Mas, se olharmos para a domesticidade em tempo integral como se fosse nossa salvação, cairemos no pecado da idolatria. Somente Jesus Cristo pode dar-nos completa satisfação, pois apenas ancoradas em nossa identidade como filhas amadas e redimidas de Deus é que podemos viver sem as cadeias do egoísmo e do orgulho, qualquer que seja nosso ambiente físico de trabalho.

Por isso, insto as mulheres que têm o privilégio de permanecer no lar em tempo integral que se lembrem de que seu valor está na cruz, e não no louvor e na aprovação dos homens. Haverá dias em que ninguém reconhecerá seus esforços. Seu marido nem sempre agradecerá pelas horas limpando, cozinhando e arrumando. Seus filhos não a louvarão pelos minutos cortando papéis e imprimindo cartões para suas atividades educativas. Suas visitas não notarão as flores no vaso que você comprou só para elas. Mas, porque o Filho de Deus viveu a vida perfeita que você jamais conseguirá viver (ainda que tente!), e porque ele teve a morte que você merecia, agora você pode descansar. Ainda que nenhum esforço seja notado, sua identidade não será abalada nem por um segundo sequer. Você permanecerá como a filha amada e redimida de um Deus que nota, que vê e que recompensa. Viva para a glória dele em seu lar, com humildade e dedicação, e receba a verdadeira felicidade.

Conclusão

Toda mulher foi criada para ter o trabalho como necessidade humana básica. Esse trabalho — que pode ser desenvolvido no lar, na lavoura, na indústria, no escritório — deve ser feito tendo em vista o cumprimento do papel de jardineira e rainha que foi entregue a cada mulher pelo próprio Deus. Há mulheres cuja realidade de vida não permite a escolha de onde focar seus esforços. A elas, eu digo: Você tem descansado no amor de Deus por você, comprado não por suas boas obras, mas única e exclusivamente pelo sangue do Filho?

Lembre-se de que a aprovação do Pai em relação a você depende integralmente da aprovação que ele tem em relação ao Filho, portanto você é eternamente aprovada. A você, e a todo cristão, o Pai diz por causa de Cristo: "Eis meu Filho amado, em quem me comprazo". Há mulheres, por outro lado, que têm a possibilidade de escolher, e a essas eu relembro: É possível escolher trabalhar para garantir um estilo de vida luxuoso em detrimento do bem-estar da família; e é possível escolher permanecer integralmente no lar para tentar comprar o favor de Deus e se mostrar superior diante dos homens. Assim, é possível estarmos em pecado independentemente de nosso ambiente físico de trabalho. Quais têm sido as motivações que movem suas escolhas? A mim, parece que é menos importante *onde* trabalhamos e muito mais importante *por que* trabalhamos. A mulher que escolhe ficar em casa o faz para servir aos outros em amor? A mulher que escolhe trabalhar fora do lar o faz para servir aos outros em amor? Estamos sendo bons mordomos das oportunidades e responsabilidades que temos hoje, no momento de vida que estamos vivendo? Com o trabalho que temos à nossa frente hoje, estamos equilibrando os momentos de descanso, de modo a cumprir a ordem original de Deus para a relação entre labor e pausa? Essas são as questões que realmente importam e somente você mesma, com a ajuda e a direção do Espírito, é capaz de responder. Quando nos perguntarem, "*What do you do?*", espero que todas nós possamos responder: "Eu trabalho, e muito, para a glória do meu Deus!".

8

DEUS DE MISERICÓRDIA E A SEXUALIDADE FEMININA

Mas Deus, sendo rico em misericórdia, por causa do grande amor com que nos amou [...], nos deu vida juntamente com Cristo.

Efésios 2.4-5, ARA

Vamos supor que alguém peça a você para descrever a si mesma em uma palavra, ou melhor, em uma emoção — qual delas você usaria? Lembro-me de perguntar exatamente isso a meu marido alguns meses atrás, em relação a mim, e ele ficou pensando por algum tempo e, depois de reclamar bastante do meu pedido inusitado, finalmente declarou: "Bom, acho impossível definir alguém em uma emoção só, mas, se eu tivesse de escolher uma para você, penso que seria 'compassiva'". Deixemos de lado por um instante quão igualmente orgulhosa e contrita fiquei diante dessa resposta e nos concentremos no cerne do que foi dito: será realmente impossível resumir a complexidade de um ser humano em uma só emoção?

E se eu dissesse a você que, nos relatos dos Evangelhos, existe uma emoção específica que foi a mais frequentemente usada para descrever Jesus Cristo, qual delas você arriscaria? Talvez "sabedoria", "paciência", "santidade"? Na verdade, a emoção mais atribuída a Cristo ao longo dos Evangelhos é *compaixão* (e eu sinto que meu marido jamais compreenderá quão significativo foi o fato de ele haver escolhido essa característica para me descrever também!). Dane Ortlund, em seu livro *Manso e humilde*, lembra-nos que não somente a compaixão é a emoção mais frequente nos relatos da vida de Jesus, como também que a sua compaixão era completamente perfeita, um sentimento profundo e não manchado ou distorcido pelo pecado.[1] Quando assistimos ao sofrimento de alguém, nossa compaixão é pontual e momentânea; a de Cristo é verdadeira e eterna. E o resultado da perfeita *emoção* compassiva de Cristo é sua *ação* misericordiosa.

Deus de misericórdia

Compaixão e misericórdia podem parecer sentimentos sinônimos, mas temos de distingui-los. A própria Bíblia estabelece essa distinção no caráter de Deus ao dizer que ele é um "Deus *compassivo* e *misericordioso*" (Êx 34.6, grifos meus). Como vimos, compaixão é o sentimento que move o interior de alguém ao ver a miséria de outro. Era isso que Jesus sentia quando via as multidões como ovelhas sem pastor (Mt 9.36). Entretanto, ele não se limitava ao sentir; ele usava esse sentir como motivador para suas ações. Vemos a compaixão tornar-se misericórdia, por exemplo, quando Jesus salva a mulher encontrada em adultério de ser apedrejada pela multidão (Jo 8.1-11), ou quando louva a mulher pecadora que ungiu seus pés com perfume e lágrimas (Lc 7.36-50).

Qualquer um de nós que tenha um pouco de caridade em si consegue olhar para uma criança sofrendo nas ruas e sentir compaixão, mas nosso sentimento compassivo não é perfeito como o de Cristo e nem sempre nos leva a uma ação misericordiosa. Cristo se moveu em compaixão e misericórdia a tal ponto que derramou o próprio sangue em favor de muitos, para o perdão de pecados (Mt 26.28). Misericórdia maior não há! Como diz Dane Ortlund, "talvez a noção da misericórdia celestial [nos] pareça abstrata, mas e se essa misericórdia se tornasse algo que podemos ver, ouvir e tocar?".[2] Quando olhamos para a pessoa de Jesus Cristo, Deus encarnado, não precisamos imaginar como é a misericórdia de Deus porque ali está ela, em carne

[1] Dane Ortlund, *Manso e humilde: O coração de Cristo para quem peca e para quem sofre* (Rio de Janeiro: Thomas Nelson Brasil, 2021).

[2] Ibid., p. 179.

e osso, estendendo suas mãos humanas e divinas às pessoas menos alcançadas, menos vistas, menos queridas. E não é isso que ele faz ainda hoje? Não foi isso que ele fez quando alcançou alguém como eu, tão pecadora? Sim! Jesus Cristo é a revelação do nosso Deus, um Deus de compaixão e misericórdia infinitas, que são não somente parte de quem ele é, mas de quem ele é em essência.

Observe que não é somente na pessoa de Cristo que vemos esse traço do ser de Deus. Como já vimos no capítulo sobre o feminismo, é comum encontrarmos pessoas que separam o Deus do Antigo Testamento como cheio de ira e o do Novo Testamento como cheio de amor. Note, entretanto, que a passagem em que o próprio Deus declara-se misericordioso e compassivo está no livro de Êxodo, no Antigo Testamento. E o contexto da passagem abrilhanta ainda mais essa declaração poderosa: o povo de Israel acabara de quebrar a aliança feita com Deus e adulterar com o bezerro de ouro (Êx 32), e Deus queria exterminá-los ali mesmo, enquanto eles ainda estavam imersos em suas delícias adúlteras. Mas Moisés intervém, e Deus, em sua misericórdia infinita, perdoa seu povo, o que move Moisés a declarar em adoração: "Senhor, Senhor, Deus *compassivo* e *misericordioso*, paciente, cheio de amor e de fidelidade, que mantém o seu amor a milhares e perdoa a maldade, a rebelião e o pecado" (Êx 34.6-7, grifos meus). Essa declaração poética de Moisés no monte Sinai é igualmente verdadeira sobre a pessoa de Jesus Cristo. Deus é o mesmo na lei, na graça, na antiga e na nova aliança — um Deus misericordioso e compassivo para com os pecadores rebeldes. A Bíblia nos diz, em Efésios, que Deus é rico em misericórdia (Ef 2.4-5). Nós vimos vários elementos do caráter de Deus neste livro, mas há somente um traço do caráter divino que o próprio Deus afirma ser aquele no qual ele é rico: misericórdia.

No desenrolar de nossa conversa neste capítulo, quando abordarmos assuntos difíceis, delicados e vulneráveis, eu gostaria de pedir a você para manter esta realidade em mente: Deus é rico em misericórdia, não somente em relação aos outros, mas também a *você*.

A fruta apalpada

Desde muito cedo, ainda criança, sempre gostei de nomes diferentes. Eu costumava dizer que teria um casal de filhos que se chamariam Ágata e Ônix (devo ter encontrado esses nomes em alguma revista sobre pedras). Cresci e, felizmente, me casei com um homem que já havia separado o nome de sua filha anos antes, e era um nome tão diferente quanto significativo. Nos Estados Unidos, é costume dar às crianças dois nomes no nascimento, de modo que quando engravidei, começamos a pensar nos nomes que combinariam com o primeiro, escolhido tempos atrás. Na verdade, não demorou muito para decidirmos: Elizabeth seria o nome do meio de nossa filha, uma homenagem à sua tia paterna, Regan Elizabeth, e à minha escritora favorita, Elisabeth Elliot.

É provável que você conheça a história de Elisabeth Elliot, mas, caso não conheça, vou resumi-la. Minha querida amiga (como gosto de chamá-la, embora nunca nos tenhamos conhecido deste lado da eternidade) foi missionária, com seu marido e filha, entre povos indígenas do Equador. Quando sua bebê, Valerie, tinha poucos meses de vida, seu marido, Jim, foi assassinado por uma das tribos que ele tentava alcançar com o evangelho. Algum tempo depois, Elisabeth foi enviada pelo Senhor, ao lado de sua bebê e outra missionária, à mesma tribo que assassinara Jim, e viveu entre eles por cerca de dois anos, anunciando-lhes as boas-novas de Cristo. Depois disso, Elisabeth voltou aos Estados Unidos, seu país natal, onde continuou ministrando — ela escreveu 24 livros, fez diversas palestras e foi apresentadora de um famoso programa de rádio cristão por muitos anos. Não causa surpresa que a querida Elisabeth Elliot seja uma de minhas heroínas na fé — sua vida foi um exemplo de fidelidade, coragem e devoção ao Senhor.[3]

Quando digo que admiro Elisabeth Elliot a ponto de homenageá-la parcialmente com o nome que escolhi para minha filha, as

[3] Ver Elisabeth Elliot Ministries, "About Elisabeth Elliot", <https://elisabethelliot.org/about/>.

pessoas, em geral, partem da suposição de que concordo com tudo que ela disse, mas isso não é verdade. Existem várias questões nas quais discordo de minha querida amiga, e uma delas, talvez uma das mais marcantes, diz respeito à sexualidade da mulher. Bom, antes de explicar melhor, penso que duas ressalvas devem ser feitas. Primeiro, não discordo da essência e da base do ensino de Elisabeth nessa área — ela pregava a pureza, e eu também acredito na beleza da santidade na área sexual. Em segundo lugar, cabe lembrar que Elisabeth nasceu em 1926 e escreveu seu famoso livro sobre feminilidade, *Let Me Be a Woman*,[4] em 1976, época diretamente afetada pela Segunda Onda do movimento feminista. É importante nos lembrarmos disso para que situemos os pensamentos de Elisabeth — ela estava tentando rebater veementemente a ideologia feminista que adentrava a mente das mulheres, até mesmo das mulheres cristãs, de sua época. Mas, como já vimos neste livro, infelizmente, quando fugimos de um extremo, corremos o risco de cair no outro. Elisabeth foi produto de seu tempo (assim como eu sou do meu), e isso se reflete em seus escritos. Por vezes, ela era dura demais e falava certos absolutismos sem deixar muito espaço para as nuances ou para o abraçar de pessoas diferentes.

Feito esse registro, compartilho com vocês a citação que me fez torcer o nariz para minha amiga Elisabeth Elliot (a quem eu ainda amo profundamente!), extraída de seu livro sobre sexualidade e relacionamentos, intitulado *Passion and Purity*.[5]

> Presumi que deveria haver alguns homens restantes no mundo que tinham esse tipo de força [de ir contra a maré da cultura]. Presumi que esses homens também estariam procurando por mulheres com princípios. Eu não queria estar entre os produtos com preço reduzido na prateleira de pechinchas, produtos baratos porque tinham sido

[4] Elisabeth Elliot, *Let Me Be a Woman* (Carol Stream, IL: Tyndale House Publishers, 1976), p. 16. [No Brasil, *Deixe-me ser mulher: Lições à minha filha sobre o significado de feminilidade*. São José dos Campos: Fiel, 2021.]

[5] Elisabeth Elliot, *Passion and Purity: Learning to Bring Your Love Life Under Christ's Control* (Grand Rapids, MI: Revell, 1984). [No Brasil, *Paixão e pureza: Aprendendo a deixar sua vida amorosa sob o controle de Cristo*. São José dos Campos: Fiel, 2020.]

apalpados. Multidões se aglomeram ali. E apenas alguns pagarão o preço total. "Você recebe aquilo pelo que paga."[6]

Talvez, ao ler estas palavras, seu coração pese no peito. Talvez você tenha um passado sexual que a coloque na categoria de "fruta apalpada", com "preço reduzido" na prateleira. Eu não quero ser hipócrita e dizer que entendo o que você sente ao ler algo assim, mas amo muitas mulheres que têm passados com pecados sexuais, e minha vontade é abraçá-las e dizer a elas, e talvez também a você: minhas amadas amigas, vocês não são "produtos" de menor valor! A misericórdia de Deus não traça uma linha em torno do pecado sexual, como se qualquer pessoa que tenha falhado ali estivesse além do alcance da compaixão de Cristo! Pelo contrário, parece-me claro nos Evangelhos que é exatamente nesse "círculo", em meio às pessoas mais improváveis, que Jesus gravitava em seu ministério terreno. Ele se movia até elas e não para longe delas. Seu interior se debatia intensamente com compaixão. Ele se sentia assim por elas, ele se sente assim por você.

Jesus quer a rosa

Certa vez, assisti a um vídeo do pastor americano Matt Chandler relatando uma experiência sua em relação ao assunto da sexualidade dentro da igreja.[7] Matt nutria amizade com uma mãe solteira de 26 anos e, finalmente, havia encontrado uma oportunidade de levá-la a um culto no qual um amigo em comum tocaria no momento de louvor. Quando chegou a hora do sermão, o pastor, lá do púlpito, declarou: "Hoje vamos falar de sexo!". Matt disse ter estremecido em seu assento, e com razão. O pastor pegou uma rosa e pediu que os estudantes na plateia, cerca de mil pessoas, a passassem entre si. Algum tempo depois, a rosa voltou ao pregador, que, do púlpito,

[6] Ibid., p. 129 (adendo meu).

[7] Matt Chandler, "Jesus Wants the Rose", Canal awaketoreality (YouTube), 7 de outubro de 2012, <https://www.youtube.com/watch?v=bLgIecL1IdY>.

declarou: "Pois bem, quem vai querer algo assim? Quem quer uma rosa toda usada, passada de mão em mão?". A ilustração infeliz era clara, e parecida com a de Elisabeth: o pecado sexual nos deixa como rosas usadas, com as pétalas caídas e murchas. Mais do que isso: o pecado sexual nos torna indesejáveis. Afinal, *quem* gostaria de ter um relacionamento com alguém assim?

Matt Chandler diz que seu interior, naquele momento, se encheu de ira e ele teve vontade de gritar de seu assento: JESUS! JESUS QUER A ROSA!

Deixe essas palavras tomarem conta do seu ser. Inspire-as. Pondere-as. *Jesus quer a rosa*. Jesus não nos diz: "Você, ó rosa usada, ó fruta apalpada, afaste-se de mim porque sou puro!". Não. Não. *Não!* Jesus quer a rosa! Ele mesmo disse: "Não são os que têm saúde que precisam de médico, mas, sim, os doentes. Eu não vim para chamar justos, mas pecadores" (Mc 2.17). Eu sei que, algumas vezes, a própria Noiva de Cristo, que deveria pregar o que ele pregou, acaba pregando juízo somente, e não graça. Nem sempre isso é malicioso; por vezes, significa apenas o desejo de prevenir aqueles que ainda não caíram de cair. Eu entendo. Mas também entendo que esse desejo pode deixar aqueles que já caíram sentindo-se chutados quando já se sentem na lama. Se esse for seu caso, por favor, escute as palavras de Jesus para você: *Eu vim chamar pecadores*. Ele chama você, seus braços estão abertos, não há mais condenação para aqueles que estão em Cristo (Rm 8.1).

As mães de Jesus

Quando pensamos na pessoa de Jesus Cristo e o fato de que ele encarnou como humano entre nós, tendemos a presumir que a família escolhida por ele era perfeita. Se Jesus viria de uma descendência humana, escolheria, portanto, a melhor família possível, a mais real, a mais pura, a mais poderosa. Certo? Bom, não é isso que vemos na genealogia de Cristo em Mateus 1. Tenha paciência e leia comigo todo o registro genealógico de Jesus, e perceba os nomes que vou destacar. Eles são incrivelmente significativos.

> Registro da genealogia de Jesus Cristo, filho de Davi, filho de Abraão:
> Abraão gerou Isaque;
> Isaque gerou Jacó;
> Jacó gerou Judá e seus irmãos;
> Judá gerou Perez e Zerá, cuja mãe foi *Tamar*;
> Perez gerou Esrom;
> Esrom gerou Arão;
> Arão gerou Aminadabe;
> Aminadabe gerou Naassom;
> Naassom gerou Salmom;
> Salmom gerou Boaz, cuja mãe foi *Raabe*;
> Boaz gerou Obede, cuja mãe foi *Rute*;
> Obede gerou Jessé;
> e Jessé gerou o rei Davi.
> Davi gerou Salomão, cuja mãe tinha sido *mulher de Urias*;
> Salomão gerou Roboão;
> Roboão gerou Abias;
> Abias gerou Asa;
> Asa gerou Josafá;
> Josafá gerou Jorão;
> Jorão gerou Uzias;
> Uzias gerou Jotão;
> Jotão gerou Acaz;
> Acaz gerou Ezequias;
> Ezequias gerou Manassés;
> Manassés gerou Amom;
> Amom gerou Josias;
> e Josias gerou Jeconias e seus irmãos no tempo do exílio na Babilônia.
> Depois do exílio na Babilônia:
> Jeconias gerou Salatiel;
> Salatiel gerou Zorobabel;
> Zorobabel gerou Abiúde;
> Abiúde gerou Eliaquim;

Eliaquim gerou Azor;
Azor gerou Sadoque;
Sadoque gerou Aquim;
Aquim gerou Eliúde;
Eliúde gerou Eleazar;
Eleazar gerou Matã;
Matã gerou Jacó;
e Jacó gerou José, marido de *Maria*, da qual nasceu Jesus, que é chamado Cristo.

Mateus 1.1-16

Tamar, Raabe, Rute, a que foi mulher de Urias (Bate-Seba) e Maria. Essas mulheres são conhecidas como "as mães de Jesus". Eu tenho uma ilustração no meu escritório, bem na frente do meu computador, de cinco mulheres. Agora mesmo, estou olhando para essa imagem, e olho sempre que escrevo. Escolhi essa arte justamente pela lembrança que ela me traz das mães de Jesus, cinco mulheres com questões sexuais que jamais deveriam ter sido colocadas na genealogia de nenhum homem importante, que dirá do próprio Cristo! Mas aqui estão elas, registradas por Mateus. As únicas mulheres da família do nosso Senhor que foram escolhidas por ele para ter seus nomes eternizados nas Escrituras, honradas como as mães do Messias.

Isso não toca você? Essas mulheres não eram vistas como bons exemplos na sociedade. Veja bem: Tamar vestiu-se de prostituta e engravidou de seu sogro.[8] Raabe não somente se vestiu como prostituta; essa era, de fato, sua profissão. Rute era uma viúva pagã. Bate-Seba engravidou de um relacionamento adúltero.[9] E Maria, uma adolescente que engravidou antes de se casar. Cinco mulheres completamente improváveis escolhidas por Deus para pertencer à família de Cristo, à linhagem real que traria o Salvador ao mundo. Espero que

[8] Note, entretanto, que o próprio Judá declara que Tamar era mais justa que ele (Gn 38.26).
[9] Há controvérsias acerca de quão voluntária foi a participação de Bate-Seba no adultério, uma vez que Davi, na condição de rei, provavelmente não aceitaria ser recusado. Pessoalmente, eu me posiciono na defesa de que o caso de Davi e Bate-Seba constitui um estupro estatutário, ou estupro de vulnerável.

seu coração encontre profundo encorajamento na realidade de que foram essas mulheres imperfeitas que Jesus Cristo escolheu para ter em sua família. Imagine a restauração de honra que elas receberam ao serem colocadas na linhagem real do Messias! Houve restauração para mulheres como elas, assim como há restauração para mulheres como você e eu.

Eu queria começar este capítulo conversando com minhas irmãs cujas vidas carregam feridas sexuais causadas por elas mesmas,[10] pois sei que o assunto da sexualidade pode ser dolorido e até mesmo traumático para muitas de nós. Creio que é importante trazer primeiro o alívio da poderosa verdade de que Jesus quer a rosa, para, em seguida, abordar a questão da sexualidade dentro do casamento. Espero que você não tenha pensado que eu seja contrária à pureza sexual por ter deixado claro que Jesus nos aceita mesmo que não sejamos puros nessa área. Pelo contrário, acredito que a Bíblia é muito clara quanto ao propósito exclusivo da sexualidade dentro do casamento (ver Hb 13.4). Mas, se iniciarmos a conversa do comando à pureza apressadamente, correremos o risco de não considerar a dor daqueles que trazem marcas nesse assunto. Devemos encorajá-los a lembrar que, onde pecamos, encontramos graça.

Na verdade, mais do que isso, também precisamos lembrar que até mesmo aquelas de nós que casaram virgens, ou que permanecem virgens ainda hoje na condição de solteiras, não estão em um nível elevado de santidade. O próprio Jesus garantiu que não pensássemos assim quando elevou a expectativa da pureza ao dizer que até mesmo nossos olhares lascivos são adultério (Mt 5.28). Ora, qual de nós nunca olhou para alguém com desejo sexual? Quem nunca assistiu a um filme ou viu uma foto, e sentiu seus pensamentos correrem a lugares impuros? Assim, eu ousaria afirmar que é impossível encontrar alguém que possa se autodeclarar inculpável diante de Deus nessa área. Todos nós caímos. Meu pastor costuma pregar que, no Sermão

[10] Conversaremos sobre as feridas causadas por outras pessoas no próximo capítulo, sobre abuso.

do Monte, Jesus disse basicamente: "Vocês achavam que a expectativa de santidade estava aqui embaixo, e até se sentiam muito santos porque julgavam atingi-la, mas eu lhes digo que ela está bem mais acima, em um nível que nenhum de vocês consegue alcançar". Nosso Mestre estava ensinando aos seus ouvintes que ninguém consegue limpar suficientemente a si mesmo para se achegar ao trono de Deus. Todos nós somos pecadores e, sem o toque purificador do próprio Cristo, jamais poderíamos nos aproximar do Santo dos Santos, lugar da presença de Deus.

Por isso, amada leitora, quer você tenha caído na área sexual de forma direta, quer tenha sido "apenas" nutrindo pensamentos fantasiosos e lascivos, descanse em saber que as palavras de Cristo à mulher impura com sangramento ainda valem para você: Tenha bom ânimo, filha (Mt 9.22)! O Filho de Deus já pagou o preço por todos os nossos pecados, até mesmo pelos mais sujos e vergonhosos, de maneira que podemos nos aproximar com toda a confiança do trono de graça (Hb 4.16).

Uma só carne

É libertador compreender a misericórdia de Deus em relação ao pecado sexual, mas é possível enxergá-la também na criação da sexualidade e em seu estabelecimento como algo exclusivo do relacionamento conjugal? Talvez nos pareça injusto que a beleza e o prazer do sexo se limitem àqueles que se casam. Por que Deus criou algo tão magnífico e permitiu que fosse usufruído apenas por alguns? Se o sexo é algo tão natural e positivo, por que pregamos resistência a esses desejos humanos normais?

Para respondermos a essas perguntas, precisamos voltar a um texto bíblico que já analisamos em outro capítulo, Efésios 5. Lembre-se de que o casamento não é sobre nós, mas, sim, uma sombra, um exemplo falho, do relacionamento de Cristo com sua Noiva, a igreja. No capítulo 5 deste livro, vimos como essa passagem nos oferece entendimento acerca da submissão feminina no casamento, mas ela também nos esclarece acerca do significado do sexo. Mais do que uma atividade fisiológica natural, o sexo foi criado por Deus para representar a profunda, crua e vital intimidade entre Cristo e sua Amada — quando nos tornamos uma só carne, demonstramos a beleza dessa aliança eterna.

Não conheço nada que seja mais vulnerável que o sexo. Literalmente, nós nos despimos de todas as nossas máscaras e permitimos que outra pessoa nos enxergue por completo. Se você já participou do ato sexual, sabe que há poucas coisas neste mundo que sejam tão profundamente significativas, que tenham tão grande impacto sobre nossas almas. Ali estamos nós — tudo de nós — dizendo: "Você me aceita?". Quando o sexo se torna uma atividade trivial, praticada com qualquer pessoa (até mesmo com estranhos!), removemos o poder de sua beleza. Não é à toa que muitas pessoas que praticam sexo para além do casamento se veem, por vezes, com sentimentos de amargura, como se tivessem sido usadas e jogadas fora. Creio que esse sentimento exista justamente porque tomamos algo precioso e delicado e o tratamos como um objeto comum. Minha alma e meu corpo passam a ser não protegidos como deveriam ser, mas oferecidos a qualquer pessoa. E há um preço a ser pago quando abrimos a alma a qualquer um.

Novamente, é preciso lembrar que há graça para os momentos em que caímos. Mas o pecado sempre traz consequências, as quais nem sempre são removidas quando encontramos perdão em Cristo. O autor de Provérbios alerta: "[Mantenha suas fontes como] exclusivamente suas, nunca repartidas com estranhos" (Pv 5.17). É possível levarmos conosco as marcas de havermos permitido que nossas fontes transbordassem pelas ruas e praças (Pv 5.16). Quando o sexo sai da segurança de um casamento saudável, as consequências são profundas e variadas: doenças sexualmente transmissíveis, gestações indesejadas, abortos, abandono infantil etc. É claro que, em um mundo caído, o casamento monogâmico não garante sexualidade saudável. Há casos de adultério, estupro e abuso no contexto do casamento. Mas a beleza da criação permanece, mesmo em um mundo caído. "Tornem-se os dois uma só carne" — foram as palavras de Deus antes de o pecado entrar no mundo (Gn 2.24). A beleza da unidade, da vulnerabilidade e da intimidade do sexo permanece. O propósito de Deus na criação da intimidade sexual era a "conexão de almas", como diz Matt Chandler.[11] Você consegue perceber a misericórdia de Deus nisso? Quão danoso à nossa própria alma seria se a abríssemos e a conectássemos com qualquer pessoa?

Deus não nos está impedindo de encontrar alegria quando nos ordena o sexo matrimonial exclusivo. Pelo contrário, nosso Pai protege suas filhas ao lhes dar o sexo como algo a ser desfrutado somente na segurança de uma aliança saudável. Essa certeza nos dá paz quando permanecemos solteiras por mais anos do que gostaríamos. Se o casamento não é uma realidade que parece próxima e começamos a nos perguntar: "Será que jamais desfrutarei a alegria do sexo?", podemos descansar sabendo que o sexo não foi criado por Deus somente como fonte de prazer físico, mas como a representação de algo muito maior, algo do qual você faz parte se estiver em Cristo, seja na condição de casada, seja na condição de solteira. Você não precisa entrar em uma igreja com um vestido branco para ser uma noiva; você já é parte da Amada Noiva do Cordeiro (Ap 19.7)! Você não precisa de sexo para sentir conexão de almas com alguém, porque você já desfruta as plenas intimidade e unidade com Deus em Cristo (Jo 17.20-21)! Minha amada irmã solteira, você já é completa em Cristo exatamente na situação em que se encontra. Realmente oro para que você acredite nessa verdade que Deus declara em sua Palavra e que encontre descanso nela.

Sexualidade feminina: um tabu

Quando falamos de sexualidade, especialmente dentro das igrejas, encontramos um equívoco comum: cremos que os pecados sexuais são exclusivamente masculinos. Refletimos essa crença em nossos

[11] Matt Chandler e Jared Wilson, *The Mingling of Souls: God's Design for Love, Sex, Marriage & Redemption* (Colorado Springs: David C Cook, 2015), p. 16.

cursos sobre pureza sexual com foco nos homens, e na exclusão das mulheres de qualquer conversa sobre pornografia ou masturbação. Não me entenda mal — eu não acho que seja prudente ou sábio que essas conversas ocorram em ambientes mistos. É desconfortável, e até mesmo inapropriado, que irmãos e irmãs confessem seus pecados sexuais uns aos outros. Mas, quando impedimos as mulheres de terem essas conversas de maneira geral, estamos perpetuando a ideia equivocada de que elas nunca caem em pecados sexuais.

A plataforma on-line Benditas Blog, em parceria com o Invisible College, realizou uma pesquisa sobre sexualidade feminina para descobrir qual o estado da igreja falante de língua portuguesa no que diz respeito a esse tema tão frequentemente ignorado.[12] Os resultados foram surpreendentes. Em um artigo sobre a pesquisa, lemos que os dados coletados "demonstraram que 65,85% das mulheres [entrevistadas] já fez ou faz uso eventual de material pornográfico, como vídeos, filmes, livros e outros. Esse número corresponde a mulheres de várias faixas de idade, dos 13 aos 70 anos, mais especificamente espalhadas pelo Brasil (88,94% das participantes são brasileiras), Portugal (9,43% são portuguesas) e outros 26 países".[13] Se você tivesse de dizer um número para o percentual de mulheres cristãs que já usaram ou usam pornografia, arriscaria 65%? Acredito que o fato de a pesquisa ter sido feita de forma anônima, permitindo que as mulheres se manifestassem com plena honestidade, foi o que resultou em um número tão alto e, consequentemente, tão assustador.

A verdade é que, há tempos, a igreja já se deu conta da necessidade masculina de ajuda na área sexual, mas, enquanto nossos irmãos estão recebendo aconselhamento, nossas irmãs continuam recebendo julgamento. Infelizmente, a sexualidade feminina ainda é um tabu nas igrejas. Enquanto o movimento feminista luta pelo extremo da

[12] Equipe Benditas, "Pesquisa Sexualidade da Mulher Cristã", *Benditas*, 31 de outubro de 2020, <https://benditas.blog/entenda-e-participe-do-projeto-sexualidade/>.

[13] Cecilia J. D. Reggiani, "Uma explosão silenciosa: jovens cristãs e o vício em pornografia", *Benditas*, 22 de fevereiro de 2021, <https://benditas.blog/uma-explosao-silenciosa-jovens-cristas-e-o-vicio-em-pornografia>.

plena liberdade sexual da mulher, muitas igrejas permanecem no extremo oposto, reprimindo a sexualidade feminina e ignorando a condição das mulheres, de seres caídos que necessitam de ajuda nessa área tanto quanto os homens. O tabu é tão forte que já ouvi casos de mulheres cristãs que fizeram sua primeira visita ginecológica semanas antes do casamento por acreditarem ser algo desnecessário a uma mulher sexualmente inativa. Muitas mulheres cristãs, aliás, têm dificuldade para explicar o sistema reprodutor feminino (a pesquisa do Benditas Blog revela que 41,9% das mulheres entrevistadas não saberiam fazer isso sem apresentar alguma dificuldade).

Isso não é assustador? Muitas mulheres cristãs estão sendo ensinadas que sua sexualidade é algo sujo que deve ser escondido, ignorado e reprimido, até o dia em que possivelmente se casarão e, então, o sexo deverá ser prazeroso, belo e formidável! Percebe o problema? Por anos a fio, dizem às mulheres: *sexo é negativo*. Então, elas casam e nós esperamos que, imediatamente, suas mentes absorvam a realidade de que *sexo é positivo*. Adivinha? Nosso cérebro não funciona assim. Infelizmente, eu e outras irmãs em ministérios com mulheres já recebemos vários relatos de mulheres cristãs traumatizadas que não conseguem desfrutar intimidade sexual no casamento. Mulheres que se guardaram virgens para seus amados maridos crendo na promessa que lhes fora feita de que sua pureza sexual seria recompensada com uma vida sexual incrível.

Acredito que essa pesquisa revela a profunda necessidade de uma reconfiguração na forma como as igrejas enxergam a sexualidade feminina. Não podemos mais ignorar, por um lado, nossas irmãs na luta contra a pornografia; e traumatizar, por outro, nossas irmãs que chegam virgens ao casamento. O sexo precisa deixar de ser um assunto tabu entre as mulheres para ser uma conversa natural, prudente e revestida da beleza da misericórdia de Deus. Temos de começar a pregar a sexualidade como uma ideia de Deus desde a criação. Por vezes, parece que pregamos um Deus que criou seres assexuados que, depois da queda, receberam seus órgãos reprodutores do diabo!

Irmãs, a própria Bíblia não trata a sexualidade feminina como tabu. A sulamita, esposa descrita no livro Cântico dos Cânticos, é uma mulher que encontra profundo prazer na intimidade conjugal. Aliás, esse livro não foi acidentalmente colocado na Bíblia, como se Deus tivesse piscado e o diabo tivesse introduzido nas Escrituras frases como "Os teus dois seios, como duas crias, gêmeas de uma gazela", e "Os teus beijos são como o bom vinho" (Ct 7.3,9). O apóstolo Paulo, em sua carta aos coríntios, atribui às mulheres responsabilidade sobre sua sexualidade, comandando-as a não se abster de seus maridos. Observe que ele não diz: "A mulher é do marido para que a possua quando e como quiser". Não! O apóstolo declara: "A mulher não tem autoridade sobre o seu próprio corpo, mas, sim, o marido. *Da mesma forma, o marido não tem autoridade sobre o seu próprio corpo, mas, sim, a mulher.* Não se recusem um ao outro" (1Co 7.4-5a, grifos meus). A sexualidade feminina é encorajada e o marido é responsabilizado por não impedir que sua esposa receba o prazer da intimidade sexual (e vice-versa!). Está mais do que na hora de nós, como igreja, começarmos a pregar o sexo como Deus o faz — como algo nascido diretamente da grande misericórdia divina!

Distorções sexuais e a misericórdia de Deus

Quando desviamos o foco da misericórdia de Deus na sexualidade, rapidamente caímos em distorções perigosas. Se não cremos na existência de um Criador que estabeleceu o sexo como sombra de algo muito maior do que nós mesmos, então o transformaremos em algo sobre nós, para nós e que emana de nós. Usaremos outros corpos como objetos para nosso próprio prazer (como no sexo livre). Colocaremos nossa liberdade acima do bem-estar do outro (como no consumo de pornografia e prostituição). Colocaremos nossos desejos acima dos fatos (como na teoria de gêneros não binários). Se o sexo exclusivo no matrimônio heterossexual não é visto como fruto da compaixão de Deus, então por que limitar-se a ele?

Infelizmente, entretanto, aquilo que o mundo prega como liberdade nada mais é do que escravidão (Jo 8.34). Já vimos o suficiente sobre o caráter de Deus até aqui para termos evidências quanto à sua natureza graciosa e amorosa. Se Deus criou homem e mulher e os uniu em uma relação monogâmica e heterossexual, então podemos confiar que nada além do propósito do Criador realmente nos satisfará sexualmente.

Atualmente, essa não é uma opinião popular. Vivemos na era que transformou a palavra "orgulho" e o símbolo da aliança de Deus com a humanidade em representações do pecado. Em um mundo pós-cristão, dizer que a sexualidade humana deve ser "reduzida" ao casamento heterossexual não é mais somente ultrapassado, como era algumas décadas atrás. Hoje em dia, essa afirmação vai muito além e é considerada "discurso de ódio". Honestamente, espero que meu tom até aqui neste livro seja suficiente para encorajar seu coração a confiar que eu não odeio a comunidade LGBTQIA+. Pelo contrário, ainda que essa comunidade nunca receba minha aprovação em relação às suas escolhas sexuais como amor, entendo meu posicionamento como amoroso. Se realmente acredito que existe um Deus que, baseado em sua rica misericórdia, declarou que o sexo deve ser apenas entre um casal heterossexual comprometido sob a aliança matrimonial, então não seria odioso *deixar de* declarar isso?

Existem muitas emoções envolvidas no debate entre os cristãos e a comunidade LGBTQIA+. Há muito ódio destilado da boca daqueles que deveriam representar um Deus rico em misericórdia. Sinceramente, acredito que, antes de querermos conversar com a comunidade LGBTQIA+ sobre aquilo que realmente cremos ser a definição de sexualidade saudável, temos de reconhecer nossas falhas. E aqui cabe esclarecer que, quando digo "nossas" falhas, quero dizer dos cristãos, e não de Cristo. Cristo nunca falhou. Ele permanece absolutamente amável e absolutamente justo. Quem falhou foi a igreja ou, para ser ainda mais justa, alguns membros da igreja. Muita maldade foi cometida "em nome de Deus", e não somente em relação ao tema da sexualidade. Se fingirmos que os cristãos, ou aqueles que se autodenominam cristãos, nunca falharam, então nossa conversa será orgulhosa e até mesmo mentirosa. Se chegarmos a uma pessoa da comunidade LGBTQIA+ com o evangelho sem estarmos prontos para reconhecer que é muito possível, e provável, que essa pessoa já tenha sido maltratada por alguém "em nome de Deus", então não chegaremos a esse diálogo da maneira mais justa e honesta, e provavelmente não será uma conversa positiva.

Infelizmente, nessa área, encontramos um discurso farisaico — cheio de religião e vazio de amor — da parte de muitos cristãos. Como apresentaremos Cristo em meio a gritos de ódio? Como poderemos mostrar a um mendigo onde encontramos o pão se, em vez de agirmos como mendigos que também somos, agirmos como pequenos reis com ar de superioridade? Como poderemos mostrar a pessoas que se declaram homossexuais que é em Cristo que está a esperança para suas vidas, e não em terapias de "cura gay" (que, aliás, foram corretamente criminalizadas em vários estados norte-americanos)?

Acredito que existe uma verdade única sobre a sexualidade, e que ser homem e mulher encontra sua raiz, sua gênese, em um Deus Criador e no que ele declara ser verdadeiro. Mas, se me aproximo com ódio, e não com compaixão, de alguém que discorda de mim, então não pareço em nada com Jesus Cristo. Antes de dizer "sexualidade é A ou B", quero poder dizer: "Amados humanos que discordam de mim, humanos que como eu carregam *imago Dei*, a imagem do Deus Criador, vamos conversar em amor". Quero ouvi-los na esperança de que eles também me ouçam. E vou respeitá-los, ainda que não me respeitem, porque fui chamada a amar, e não a odiar. Creio que essa deve ser nossa atitude. Não podemos pensar que a maneira certa de apresentar as verdades bíblicas a alguém é, literal ou figurativamente, batendo na cabeça delas com a Bíblia. Jesus pregou o reino em amor e por amor, e nós precisamos, *precisamos*, fazer o mesmo.

Não foi à toa que escolhi a misericórdia como o atributo de Deus a ser atrelado à sexualidade. Deus estende sua misericórdia a todo pecador que se arrepende. Ainda que muitos na igreja queiram colocar a comunidade LGBTQIA+ em um nível elevado de pecado, como se fossem especialmente condenados ao inferno por causa de sua sexualidade, a Bíblia permanece declarando que não há *nenhum* justo, nem um sequer (Rm 3.10) e que *qualquer um* que não crer em Cristo estará condenado (Jo 3.18).

Lembro-me de um colega de faculdade homossexual que, certa vez, me disse: "Você acha que vou para o inferno, certo?". Respondi francamente que sim, e essa era a resposta que ele já esperava de uma cristã. Mas parece que ele não esperava pela continuação: "... mas não porque você é gay". E é aqui que muitos de nós temos errado, não? Agimos como se a comunidade LGBTQIA+ estivesse condenada ao inferno unicamente por causa de sua identificação sexual, e não por sua condição humana pecaminosa. Ou cremos que todos somos igualmente carentes da graça de Deus ou não cremos realmente em doutrinas básicas da fé cristã.

Sim, a comunidade LGBTQIA+ distorce o plano original de Deus para a sexualidade. Sim, isso é pecado. Mas não, eles não estão mais condenados do que uma pessoa da "tradicional família brasileira" que não depositou sua fé em Jesus Cristo. Já passou da hora de começarmos a agir como verdadeiros filhos de um Pai rico em misericórdia e abandonarmos nossa hipocrisia evangelística.

Conclusão

Uma das minhas histórias preferidas da Bíblia está no livro do profeta Oseias. Já conversamos um pouco a esse respeito no capítulo sobre submissão, mas, caso você tenha esquecido, é a história do profeta que é comandado por Deus a amar e perdoar sua esposa adúltera. Eu amo Oseias e Gômer, sua esposa, porque eles são literalmente a representação da misericórdia divina. Eu sou Gômer, você é Gômer. Não merecemos que o Deus perfeito nos acolha, nos ame e nos receba, mas ele faz isso. Não por causa de quem somos, mas por causa de quem ele é. Veja Jesus Cristo recebendo, vez após vez, mulheres descritas na narrativa bíblica como pecadoras, o que, em geral, sinalizava para um pecado sexual, e mostrando a elas tamanha misericórdia.

O Deus de Gômer, o Deus da mulher adúltera, o Deus da mulher samaritana, o Deus da mulher pecadora na casa de Simão... É o mesmo Deus de hoje, com braços abertos a mim e a você. Qualquer que seja seu passado sexual. Qualquer que seja seu medo na área sexual. Qualquer que seja seu atual pecado sexual. Deus permanece rico em misericórdia e permanece, com Cristo, oferecendo vida a você. Corra para ele.

9

DEUS DE JUSTIÇA E O ABUSO DA MULHER

Pois o SENHOR é justo e ama a justiça.

SALMOS 11.7A

ALERTA DE GATILHO:
ESTE CAPÍTULO CONTÉM CONTEÚDO SOBRE ABUSO

Eu gostaria que você fizesse comigo um exercício de imaginação. Imagine que um dia as pessoas que você ama sejam capturadas por um governante cruel. Imagine que o líder desse governo pratique torturas excruciantes nas pessoas contra quem guerreia. Imagine que ele seja cruel a ponto de arrancar a língua de seus prisioneiros, para que não possam comunicar-se durante a etapa seguinte de sua tortura — o esfolamento na condição de vivo.[1] Imagine, agora, que você seja um profeta de Deus que é comandado pelo próprio Divino a ir e pregar arrependimento, e possível misericórdia, a esse povo sanguinário. Qual seria sua reação? Eu sei qual seria a minha: fugir. E, caso isso não funcionasse, pregar o que Deus ordenara que fosse feito, mas torcendo para que eles não se arrependessem e que o fogo dos céus os consumisse.

Essa é a história real do profeta Jonas. Talvez você esteja familiarizado com a narrativa, mas, caso não esteja, deixe-me contar o final: o povo cruel se arrepende e Deus os perdoa. Dá para imaginar o coração de Jonas? "Como Deus pode ser justo", imagino que ele tenha pensado, "se decidiu perdoar um povo tão horrível depois de tudo que eles fizeram contra as pessoas que eu amo, contra mim?"

[1]Jonathan Jones, "'Some of the most appalling images ever created' — I Am Ashurbanipal review", *The Guardian*, 6 de novembro de 2018, <https://www.theguardian.com/artanddesign/2018/nov/06/i-am-ashurbanipal-review-british-museum>.

Confesso que estou há muitos dias adiando a escrita deste capítulo. De forma compreensível, é difícil escrever sobre a temática do abuso. Aprouve a Deus trazer à tona, nas últimas semanas, dois casos de abuso dentro do círculo de pessoas que amo, o que fez apenas com que o tema queimasse ainda mais forte em meu coração. Muitos assuntos podem ser abordados apenas em tese e, ainda assim, mostrar-se completamente úteis. Mas o abuso, parece-me, quando tratado de uma perspectiva apenas teórica, não recebe o tratamento que merece. Isso não significa que eu pense que o ensino deva ser restrito àqueles que têm experiências com os temas ensinados. Mas, no caso do abuso, quando se tem "um pouco de pele no jogo" (como diz a expressão em inglês),[2] a escrita se torna crua, pessoal, dolorida e sincera.

Quando nós mesmas, ou alguém que amamos profundamente, sofre um abuso, falar a esse respeito é muito mais difícil. É mais desafiador escrever sobre a justiça de Deus quando parece que ele foi injusto com você ou com seus amados. Torna-se mais complicado realmente aceitar que Deus é soberano quando, em sua soberania, ele permitiu o estupro de alguém que você ama. Ou o seu próprio. Mas aqui estamos nós. A Bíblia permanece a mesma, e a voz de Deus nela, também. Ele disse ser soberano e justo. Então, vamos crer nessa verdade teórica mesmo quando parece bater de frente com nossa realidade experimental?

Violência contra a mulher no Brasil

Infelizmente, a realidade experimental de muitas de nós envolve abuso. Em um mundo caído, em que existe mais de uma variedade de abuso contra a mulher, as estatísticas mostram que a maioria de nós sofrerá violência de alguma forma durante a vida.[3] Há alguns anos, a sociedade brasileira considerava abuso apenas aquilo que

[2] "Some skin in the game".

[3] Não que inexista abuso contra homens, é claro, mas, como todo o resto deste livro, nosso foco é nas mulheres e assim permaneceremos também neste tópico.

trazia consequências visíveis — um abuso físico que deixa marcas palpáveis era considerado real, mas um abuso emocional, por não ser visível na pele, não era levado a sério e nem mesmo reconhecido como violência. Pela graça de Deus, nossa sociedade chegou a novas conclusões acerca desse tema e, hoje, o reconhecimento criminal da violência contra a mulher é muito mais abrangente.

A Lei Maria da Penha foi um dos grandes marcos no Brasil rumo a um atendimento mais concreto das vítimas de abuso.[4] Criada em 2006, essa legislação garante que cinco tipos de violência contra vulneráveis sejam penalmente punidos: violência física, psicológica, sexual, patrimonial e moral. Para compreendermos de modo resumido cada uma delas, especificamente em relação às mulheres, podemos definir violência física como qualquer ataque à integridade física ou à saúde corporal da mulher; violência psicológica, como aquela que causa dano moral ou à autoestima, por meio de manipulação, diminuição ou coerção; violência sexual, como todo constrangimento a qualquer tipo de prática sexual; violência patrimonial, como aquela que envolve questões de ordem financeira e impede a mulher de ter acesso a bens, ou retém e destrói os bens que ela possui; e, finalmente, violência moral, como aquela que envolve qualquer tipo de difamação, calúnia ou injúria. As penas aplicadas especificamente à violência doméstica contra a mulher podem variar de três meses a três anos. Em relação à violência sexual, de forma específica, a pena varia de acordo com a extensão do abuso.

Outro marco importante, e mais antigo, na luta pela defesa da mulher no Brasil foi a criação, em 1985, das Delegacias de Defesa da Mulher (DDM), que são delegacias especializadas no atendimento a mulheres, adolescentes e crianças vítimas de violência. Entretanto, ainda que se tenham passado mais de trinta anos desde a criação da primeira DDM, a verdade é que estamos, como país, muito longe do

[4] Lei nº 11340, de 7 de agosto de 2006, Brasília, DF: Diário Oficial da União, 2006, <http://www.planalto.gov.br/ccivil_03/_Ato2004-2006/2006/Lei/L11340.htm>.

ideal — em 2019, essas delegacias especializadas ainda não estavam presentes em 91,7% das cidades brasileiras.[5]

Os dados sobre a violência contra a mulher no Brasil são absolutamente assustadores: a cada nove minutos, uma mulher é vítima de estupro; a cada dois minutos, uma mulher registra agressão sob a Lei Maria da Penha; a cada dois minutos, cinco mulheres são espancadas; uma em cada três meninas será vítima de abuso ou exploração sexual antes dos 18 anos; e estima-se que apenas 10% dos casos de estupro cheguem a registro policial.[6]

O que é a justiça?

Quando deparamos com esses números, desejamos fechar imediatamente os olhos e entrar numa realidade paralela em que a violência não exista. Mas Deus não nos chamou ao escapismo e, como temos visto até aqui, quanto mais entendemos quem ele é, mais podemos ter esperança sobre nós mesmas e sobre a realidade à nossa volta.

O verso bíblico que se encontra na abertura deste capítulo, extraído do Salmo 11, vem ao final de um cântico sobre a forma como Deus observa, de seu santo trono, as ações dos filhos dos homens, recompensando-os de acordo com aquilo que merecem — essa é a definição de justiça. Ao justo, Deus dá refúgio; ao injusto, fogo dos céus. A Bíblia diz que o Senhor ama a justiça. E mais do que isso: ele é a própria justiça. Ao contrário de nós, que apenas demonstramos a justiça de forma imperfeita, Deus a tem como parte essencial de quem ele mesmo é. A justiça, assim como o amor e a santidade, faz parte do caráter imutável de Deus. Justiça é agir de maneira que Deus receba aquilo que lhe é de direito; e o que é o direito de um

[5] Léo Rodrigues, "Em 91,7% das cidades do país, não há delegacia de atendimento à mulher: Dados são da Pesquisa de Informações Básicas Municipais e Estaduais", *Agência Brasil*, 25 de setembro de 2019, <https://agenciabrasil.ebc.com.br/direitos-humanos/noticia/2019-09/em-917-das-cidades-do-pais-nao-ha-delegacia-de-atendimento-mulher>.
[6] Instituto Patrícia Galvão, "Violência contra as mulheres em dados", <https://dossies.agenciapatriciagalvao.org.br/violencia-em-dados/>.

Deus infinitamente justo e santo senão punir todos que vivem contrariamente à sua justiça e à sua santidade? Dessa maneira, Deus precisa punir o pecado; caso contrário, ele mesmo não seria justo.

Para expressar em termos humanos de mais fácil entendimento, pense em um homem que é capturado depois de ter abusado sexualmente de uma criança de três anos e a assassinado. Se um juiz humano absolver esse homem e disser: "Vá em paz", nós o consideraríamos um bom juiz? Não. Nós o abominaríamos como alguém absolutamente corrupto e cruel. Assim também Deus, sendo infinitamente mais perfeito do que qualquer juiz humano, não seria um bom juiz se deixasse impune o pecado, qualquer que seja. "Mas e se o pecado for pequeno?", você poderia argumentar. "Não podemos comparar uma mentirinha com um estupro e o assassinato de uma criança." Como é possível, então, Deus declarar dignos da mesma punição — a morte e a eternidade longe dele — tanto o assassino como o mentiroso?

Certa vez, ouvi uma ilustração que esclarece bem essa questão: a sentença de um crime não deve ser de acordo com nossa percepção do tamanho do crime em si, mas, sim, de acordo com o valor do que foi destruído.[7] Pense neste exemplo concreto: se alguém faz um pequeno risco em uma pedra usando uma faca, essa pessoa não merece punição, pois aquilo que foi estragado, a pedra, não tem valor. Se, entretanto, a mesma ação é realizada em um veículo da marca Ferrari, a punição será grande. Vemos, então, que a punição está associada ao valor daquilo que foi atacado, destruído. Prosseguindo nessa ideia, qualquer pecado contra Deus merece punição eterna, não com base no "tamanho" do pecado em si, mas no valor infinito daquele que foi atacado — o Deus soberano, o Rei santo de todo o universo.

Voltando, então, à definição inicial de justiça como o direito de Deus de punir todo pecador e condená-lo a uma eternidade longe dele — é isso que todos nós merecemos. A Bíblia diz, na carta do apóstolo Paulo aos irmãos romanos, que "não há nenhum justo,

[7] *American Gospel: Christ Crucified*, direção e produção de Brandon Kimber, Transition Studios, American Gospel Motion Picture, 2019.

nem um sequer; não há ninguém que entenda, ninguém que busque a Deus" (Rm 3.10-11). Nenhum justo, senão o próprio Deus. E, portanto, como juiz justo que é, Deus precisa punir o pecado de todo homem. E é aqui que as coisas começam a ficar pesadas para nós, não? Quando somos nós os afetados pela injustiça, queremos nada menos do que um juiz perfeito que trará uma sentença perfeita. No entanto, quando nos sentamos no banco dos réus, não queremos um juiz que nos condene, especialmente quando esse juiz é tanto o que julga como aquele contra quem cometemos nossos crimes.

A misericórdia e a justiça no evangelho

Até pensarmos no evangelho pelas lentes de uma sala de julgamento, será difícil compreender a magnitude da misericórdia que ele apresenta. No evangelho, nas boas-novas de que o Filho de Deus morreu por nossos pecados, encontramos o Pai sentado na cadeira do juiz; nós, no banco dos réus com uma sentença de culpa; e o Filho perfeito que entra na corte dizendo: "Liberem o réu, eu tomarei a punição em seu lugar", ou seja, Deus derramando sua ira sobre o próprio Deus. O Pai derramando seu cálice de ira contra todo o tipo de maldade humana — estupro, assassinato, tortura, ódio, desprezo e abuso — sobre o Filho perfeito que jamais cometeu qualquer uma das coisas pelas quais foi morto. Quão absurdo é isso?

Mas esse é o evangelho. Essa é a mensagem da Bíblia. É isso que o apóstolo Paulo chama corretamente de loucura para o mundo mas salvação para os que creem (1Co 1.18). Qual outra religião do mundo tem seu herói, seu deus, não como um rei poderoso, mas como um sofredor que toma sobre si a culpa daqueles a quem ele amou? Nas religiões antigas, o povo precisava fazer sacrifícios para ser aceito por seus deuses, mas, no cristianismo, é o Pai quem sacrifica o próprio Filho (que aceita ser voluntariamente sacrificado) pelos humanos corruptos e pecadores.

Entretanto, a beleza da misericórdia no evangelho não impede que nossos olhos vejam também o peso da justiça. Perceba que, como já dissemos, Deus não seria perfeitamente justo se deixasse impunes nossos pecados. Se o estupro cometido nunca fosse punido, então não haveria por que confiar em Deus ou até mesmo por que louvá-lo. Mas nós louvamos a Deus porque sabemos que todo pecado recebe punição: ou na cruz ou no inferno. Aqueles que creram em Cristo podem descansar na certeza de que, para eles, já não há mais condenação (Rm 8.1), uma vez que seus pecados foram punidos no Cordeiro de Deus de uma vez por todas. Mas todo aquele que não crer no Filho receberá condenação eterna por todos os seus pecados, mesmo que, algumas vezes, essa condenação não pareça acontecer deste lado da eternidade. Veja como isso fica claro nas palavras do Evangelho de João: "Pois Deus enviou o seu Filho ao mundo, não para condenar o mundo, mas para que este fosse salvo por meio dele. *Quem nele crê não é condenado*, mas *quem não crê já está condenado*, por não crer no nome do Filho Unigênito de Deus" (Jo 3.17-18, grifos meus).

A misericórdia, a justiça e o abuso

Confesso que, para mim, é muito difícil, por vezes, aceitar o evangelho especialmente no que diz respeito ao abuso daqueles a quem amo. Parte de mim é como o profeta Jonas — eu me recuso a ser instrumento de salvação de Deus àqueles que me oprimem ou oprimem os meus. Quero sentar-me sob a figueira enquanto fogo cai do céu sobre eles. Quero murmurar e até mesmo pedir para morrer caso Deus mostre misericórdia àqueles a quem julgo dignos de ira e condenação. Confesso que esse é realmente o desejo do meu coração quanto aos abusadores. Confesso que, em minha cegueira pecaminosa, não consigo imaginar uma demonstração de misericórdia a eles. Mas Deus, gentilmente, como o Pai paciente que é, me chama a olhar para o mundo como ele próprio olha. Ele me lembra que eu mesma, não fosse a graça de Cristo, seria receptora de fogo dos céus. E merecidamente! Deus me lembra que é ele quem decide se alguém receberá misericórdia ou não, e que eu, assim como Jonas, não tenho o direito de me sentir justificada em meu ressentimento e ódio.

Assim, é importante notarmos que essa dinâmica de escolha entre misericórdia e justiça acontece em Deus. É ele, e não nós, que decide quem receberá misericórdia no Cordeiro ou justiça no inferno (Rm 9). Entretanto, ainda que creiamos nisso teologicamente, muitos de nós agem de forma diferente na prática. Há muitos casos de pessoas que relatam seus abusos a irmãos em Cristo, liderança da igreja ou não, e que recebem a seguinte resposta: "Ah, você precisa mostrar misericórdia, pois é isso que os cristãos devem fazer". Mas pedir a uma vítima que mostre misericórdia sem permitir que ela requeira a justiça que é devida nesse caso não é um comportamento piedoso nem bíblico.

O profeta Miqueias disse: "[Deus] te declarou, ó homem, o que é bom e que é o que o SENHOR pede de ti: *que pratiques a justiça*, e *ames a misericórdia*, e andes humildemente com o teu Deus" (6.8, ARA, grifos meus). Veja que tanto a misericórdia como a justiça aparecem — uma não pode anular a outra. Pelo contrário, parece-me que elas caminham de mãos dadas. Ao buscarmos a justiça em um caso de abuso, estamos trazendo misericórdia tanto à vida da vítima como à vida do abusador, ao permitir que, pela disciplina, ele (ou ela) possivelmente aprenda o caminho correto e cumpra sua pena perante Deus e os homens. Um exemplo concreto disso está na educação dos filhos. Quando uma criança desobedece aos pais, eles, eventualmente, refletem: "Devo mostrar disciplina ou graça?", mas a graça vem pela disciplina. A criança tem a oportunidade de aprender a obediência por meio da disciplina, e isso é bom para ela. Permitir a um abusador que saia livre perante a justiça humana não é misericórdia nem em relação à vítima nem em relação a ele.

Perdoar e esquecer?

Temos de assinalar a distinção entre misericórdia e justiça, como já fizemos; e também a distinção entre vingança e justiça. Como cristãos, somos comandados a perdoar porque fomos primeiramente perdoados por Deus (Mt 6.12,14-15), de modo que a vingança não deve ter lugar no coração daqueles que foram regenerados pelo poder do sangue de Cristo. Certa vez, conversei com alguém que havia sofrido abuso e ouvi dizer: "Deus disse que a vingança pertence a ele e eu confio nisso". E amém! Ela estava certa. Paulo nos ensina exatamente isso em sua carta aos romanos (Rm 12.19). Entretanto, eu a lembrei gentilmente da diferença entre vingança, que é um sentimento de ódio pecaminoso, e justiça, que, como vimos, é um desejo piedoso e correto.

Já concluímos que a misericórdia não exclui a justiça; pelo contrário, acontece por ela. Mas e o perdão? Como seguidores de Cristo, somos ordenados a perdoar, o que, com frequência, leva os cristãos a aconselharem uma vítima de abuso a perdoar seu agressor e voltar para casa, em casos de abuso doméstico. No entanto, o perdão não deve funcionar como uma licença para ignorar a segurança pessoal ou para alguém ser ingênuo em relação ao risco de sofrer abuso continuado. Devemos considerar que vivemos em um mundo caído, no qual as pessoas maltratam, mentem e abusam todos os dias. Especialmente nos casos de violência doméstica, a igreja não deve confundir o comando bíblico de perdoar com eventual comando de enviar a vítima de volta à cova do leão só porque o agressor disse "Sinto muito, me perdoe".

Vivemos naquilo que os teólogos chamam de o paradoxo do *já mas ainda não*. Em casos de abuso, isso significa que *já* temos a promessa de regeneração dada àqueles que confiam em Jesus Cristo, mas que *ainda não* vivemos em corpos totalmente glorificados e sem pecado. Portanto, temos de orar pela regeneração genuína de abusadores sem deixar de tomar precaução para proteger suas vítimas. Como diz Hannah Fordice: "Cair em extremos [em casos de abuso] significaria ou limitar o poder de Deus ou arriscar a permissividade do pecado".[8] Não negamos que Deus pode transformar um abusador, mas não abrimos espaço para que ele volte a pecar contra suas vítimas durante o processo de regeneração.

O perdão, que parte da vítima, não precisa estar necessariamente atrelado ao arrependimento genuíno por parte do abusador. Jesus nos

[8] Hannah Fordice, *Ready Refuge: A Cross-Denominational Guide for Church Leaders on Intimate Partner Violence* (publicação independente, 2020), edição eletrônica.

manda amar até mesmo nossos inimigos, e orar por aqueles que nos perseguem (Mt 5.44). Ele mesmo nos deu um exemplo durante sua crucificação, pois, "quando sofria, não fazia ameaças, mas entregava-se àquele que julga com justiça" (1Pe 2.23). Até aqui, falamos da justiça perfeita de Deus, e até mesmo que o Filho confiou nela no curso de seus próprios sofrimentos. Entretanto, perdoar não significa esquecer o abuso sofrido, permitindo que novos abusos aconteçam. É possível perdoar alguém e, ainda assim, responsabilizá-lo pelos crimes que tenha cometido.

Uma das maiores dificuldades dos cristãos nesse equilíbrio entre perdão e justiça se dá em relação ao divórcio. Afinal, é permitido, em casos de abuso doméstico, que a pessoa abusada se divorcie do abusador? A temática específica do abuso doméstico não é encontrada no texto bíblico, mas o coração de Deus é suficientemente revelado em sua Palavra, de modo que podemos confiar que ele nos deixou informações que suprem nossa necessidade de tomar decisões sobre as áreas "cinzentas" que não recebem tratamento direto.

Quando olhamos para passagens sobre o casamento, como Efésios 5, vemos que o plano de Deus para o matrimônio é que seja um reflexo do casamento perfeito de Cristo com sua amada igreja. E como Cristo amou sua Noiva? Sacrificando-se totalmente por ela. Esse é o chamado bíblico aos maridos. O chamado às esposas, por sua vez, é a submissão ao marido, da mesma forma que a igreja se submete a Cristo. Já abordei essa temática neste livro, então não vamos nos aprofundar novamente. O que importa notar na presente discussão é a realidade de que a esposa *não é* chamada a se submeter a um marido abusivo. O divórcio nunca fez parte do plano original de Deus para o casamento, mas, em um mundo caído no pecado, o divórcio é uma opção dada por ele de maneira a proteger suas criaturas da opressão.

Encontramos duas permissões claras ao divórcio na Bíblia: em casos de imoralidade sexual e adultério, e em casos de abandono do casamento por parte de um cônjuge não cristão (Mt 19.9; 1Co 7.15). A palavra grega original usada para "abandono" na passagem de 1Coríntios é *chorizo*, que traz em si a noção de separação, de ruptura. Paulo diz que o cristão não deve divorciar-se do cônjuge descrente, mas, se o cônjuge descrente decidir separar-se, criando uma ruptura no casamento, então o cristão tem liberdade para seguir em frente com sua vida. "Em casos tais", diz o apóstolo, "o irmão ou a irmã não fica debaixo de servidão; Deus nos chamou para vivermos em paz" (1Co 7.15). Quando um dos cônjuges abusa do outro, há uma ruptura na aliança que pode ser considerada um *chorizo*. Ainda que, com frequência, o abusador afirme verbalmente que não deseja uma separação legal, pois se beneficia do abuso cometido de perto, suas ações provam o contrário e demonstram o desejo perverso de criar e manter uma ruptura em seu relacionamento. Em circunstâncias tais, o cristão abusado deve ver-se livre para não ficar debaixo de servidão.

É importante compreendermos a Bíblia como um livro coeso de um Deus coeso. Ao longo de toda a Escritura, encontramos um Deus que se preocupa com suas criaturas, que cuida delas e que oferece misericórdia e proteção. Quando usamos passagens isoladas contra o divórcio ou passagens isoladas a favor da submissão feminina para supor que Deus requer que suas filhas abusadas permaneçam no perigo do abuso, estamos ignorando a coesão da Bíblia como um todo. Deus não eleva a instituição do casamento acima da proteção de seus filhos. Hannah Fordice diz: "Certamente, podemos concluir [ao lermos a Bíblia] que Deus odeia o divórcio, mas odeia ainda mais o abuso e a opressão de suas preciosas filhas [e filhos]".[9] Não podemos, como cristãos, colocar os malefícios reais do divórcio acima dos pecados de opressão, manipulação, abuso e violência que, por fim, acabam levando à separação matrimonial.

Quando o lobo está em meio às ovelhas

O abuso não acontece somente nos lares. Infelizmente, muitos abusos se passam no interior das igrejas. A igreja de Cristo deveria ser um refúgio para vítimas de todo tipo de violência, e não um ambiente de perigo. Infelizmente, porém, muitas de nossas igrejas não estão

[9] Ibid. (adendos meus).

preparadas para isso, e são poucas as que conhecem as leis que defendem os vulneráveis e os recursos para ajuda imediata e emergencial, ou que reconhecem os perigos que trazem aos seus membros. É triste, mas a verdade é que muitos pastores ainda atribuem a culpa à vítima ou propõem uma reconciliação sem justiça, empurrando suas ovelhas de volta às garras de seus abusadores.

Como comentamos no capítulo 2 deste livro, em 2017 o movimento virtual denominado #MeToo [Eu Também] criou grande comoção no mundo inteiro ao demonstrar a magnitude do problema do abuso contra a mulher. Pessoas de vários países que já haviam sido vítimas de algum tipo de abuso ou violência sexual postaram essa *hashtag*, e os números foram alarmantes. Muitos de nós testemunharam, com crescente desespero, pessoas a quem amamos — de familiares a amigos — finalmente exporem suas dores passadas. Não tardou para que os cristãos se juntassem a essa tendência e criassem sua própria *hashtag*, a #WeToo [Nós Também], sobre casos de assédio e violência sexual dentro das paredes das igrejas.

Há alguns dias, li sobre o triste caso de violência sexual cometida por um famoso apologista cristão acusado de haver abusado de inúmeras mulheres por décadas a fio, com algumas até mesmo alegando estupro. Infelizmente, casos assim não são raros. Na verdade, raras são a descoberta e a culpabilização legal dos abusadores. Ainda hoje, vemos, mesmo depois da realização de investigações privadas que concluíram por sua culpa, muitas pessoas defendendo o famoso apologista. Isso é comum em casos de abuso cometido por lideranças eclesiásticas, pois esses predadores passam décadas produzindo para si uma imagem de respeito e confiança. Assim, quando suas vítimas — em geral, pessoas desprovidas das mesmas fama e autoridade do abusador — decidem denunciá-los, é a palavra de líderes respeitados contra a de pessoas "normais".

Infelizmente, os casos de pedofilia dentro de igrejas são comuns, ainda que se mostrem tão diametralmente contrários a tudo aquilo que a igreja deveria ser. Os pedófilos têm especial vantagem dentro do contexto eclesiástico, pois a necessidade de voluntariado dentro das igrejas, especialmente em ministérios com crianças, cria um campo fértil para esses abusadores.

Está na hora de pastores e líderes reconhecerem essa problemática tão agravante e se prepararem, bem como as suas igrejas, para funcionar como refúgio para *vítimas*, e não como refúgio para *abusadores*. Precisamos orar para que Deus levante pessoas da área de apoio a sobreviventes e da área de prevenção a abusos. Existem vários passos práticos que podem ser tomados para criar ambientes eclesiásticos mais seguros e líderes eclesiásticos precisam buscar conhecê-los e aplicá-los.

Como já registramos aqui, há uma tendência humana a detectar um extremo, discordar dele e correr para outro extremo que é tão errado quanto o anterior. Isso acontece com bastante frequência na questão de cristãos e casos de abuso. Há uma tendência a associar qualquer tipo de denúncia de abuso a feminismo e a uma cultura e uma agenda liberais. Mas, ao comprarmos essa narrativa, desacreditamos inúmeras vítimas reais de abuso e violência. Acaso existe um movimento que inventa casos de abuso para avançar em suas pautas? Sim, provavelmente. Isso significa que devemos ignorar todo pedido de ajuda e toda denúncia de vítimas? Absolutamente não. Deus nos cobrará os olhos fechados.

> Liberte os que estão sendo levados para a morte;
>   socorra os que caminham trêmulos para a matança!
> Mesmo que você diga: "Não sabíamos o que estava acontecendo!"
>   Não o perceberia aquele que pesa os corações?
> Não o saberia aquele que preserva a sua vida?
>   Não retribuirá ele a cada um segundo o seu procedimento?
>
> Provérbios 24.11-12

O toque que cura

Eu gostaria, agora, de reservar um momento para conversar diretamente com minhas amigas leitoras que já passaram por algum tipo de abuso. Quero falar com você, que não é um número nas estatísticas, mas uma mulher feita à imagem de Deus, com uma alma eterna em um corpo maltratado. Quero falar de outra mulher que também sofria em seu corpo, ainda que com uma dor diferente da sua. Essa mulher sem nome se encontra no relato do Evangelho de Marcos: "E estava ali certa mulher que havia doze anos vinha sofrendo de hemorragia. Ela padecera muito sob o cuidado de vários médicos e gastara tudo o que tinha, mas, em vez de melhorar, piorava" (Mc 5.25-26).

Talvez você se reconheça nessa situação. Talvez já tenha gastado toda a energia possível, todo o dinheiro possível. Talvez tenha ido a terapias e igrejas, e nada parece atenuar a dor que carrega por causa do pecado cometido contra você. Assim como você, a mulher dessa passagem bíblica não somente sofria no corpo, mas também no coração. De acordo com a lei e o costume judaicos, uma pessoa com hemorragia seria considerada cerimonialmente impura. Isso significava que essa mulher não podia tocar ninguém, nem mesmo sua família, porque qualquer um que ela tocasse se tornaria também impuro.

Você consegue imaginar a solidão daqueles doze longos anos? Meu coração de mãe só consegue pensar no desespero de doze anos sem poder tocar os filhos que ela possivelmente tinha! Essa mulher se encontrava completamente removida da sociedade, completamente sozinha. Sem dinheiro, pois havia gastado tudo em busca de cura. Sem ninguém que a escutasse. No fim de suas forças, no fim de sua esperança. E, do outro lado, está Jesus, que, a essa altura de seu ministério, era considerado um rabi, um mestre, uma pessoa com posição estimada na sociedade judaica. Quando essa mulher impura toca as vestes de um rabi, está arriscando tudo e tomando um último passo desesperado. De acordo com os costumes da época, Jesus teria todo o direito de puni-la por esse gesto, até mesmo ordenando sua morte. Por isso Marcos declara que, quando Jesus indaga quem o havia tocado, a mulher "prostrou-se aos seus pés e, tremendo de medo, contou-lhe toda a verdade" (5.33). Talvez você se sinta assim. Talvez você esteja tão desesperada quanto ela, querendo qualquer coisa que a ajude, tremendo de medo.

Qual foi a resposta de Jesus àquela mulher sofrida, solitária e medrosa? "Filha, a sua fé a curou! Vá em paz e fique livre do seu sofrimento" (5.34). Querida irmã, talvez essas sejam as palavras que sua alma anseia ouvir mais do que tudo. Você quer paz e libertação do sofrimento. Nós conversamos sobre justiça neste capítulo e imagino que, independentemente de haver recebido justiça humana sobre o crime cometido contra você ou não, sua paz interna provavelmente não acompanhou uma sentença de culpa sobre seu abusador. A verdade é que nem mesmo a justiça humana garante a cura da alma. Creio que seja um passo rumo a ela, um passo necessário, e por isso defendi que devemos buscá-la. Mas acredito, de todo o meu coração, que a única coisa capaz de realmente trazer o refrigério de que sua alma necessita é o olhar gracioso de Jesus Cristo.

Quando Jesus declara à mulher sem nome "a sua fé a curou", não se baseia na fé que a mulher tinha de cura física. Na verdade, a fé que essa mulher demonstrou — fé suficientemente poderosa para salvá-la e curá-la — foi depositada no fato de que Jesus era quem ele declarava ser: o Messias aguardado pelo povo judaico. Como eu sei disso? Para compreendermos melhor, temos de voltar ao último livro do Antigo Testamento, na passagem em que o profeta Malaquias declarou, cerca de quatrocentos anos antes de Jesus Cristo vir ao mundo, que o Messias prometido seria "o sol da justiça [que traria] cura em suas asas" (Ml 4.2). De acordo com a teóloga Kristi McLelland, o vocábulo traduzido como "asas" nessa passagem é originalmente a palavra hebraica também utilizada no Antigo Testamento para descrever a parte na extremidade das vestes sacerdotais, as "asas" da veste.[10]

Percebe como isso é significativo? Quando a mulher da passagem de Marcos toca as "asas" das vestes de Jesus, provavelmente estava se agarrando à promessa de Malaquias, crendo em algo que fora dito quatrocentos anos antes. Ao esticar os braços na multidão e tocar Jesus, indo contra a lei da época, que a proibia de tocar qualquer pessoa, essa

[10] Kristi McLelland, *Jesus and Women: In the First Century and Now* (Nashville, TN: Lifeway Press, 2020), edição eletrônica.

mulher declarou crer que Jesus era o Messias prometido ao seu povo, aquele que traria cura. E o que acontece quando ela, impura, toca Jesus Cristo, o puro? Ele não se torna impuro, como pregava a tradição. Ao contrário, é a pureza dele que a cura! A luz de Jesus espanta as trevas, e as trevas não podem prevalecer sobre ela (Jo 1.5). Veja como Dane Ortlund, no maravilhoso livro *Manso e humilde*, explica isso:

> [De acordo com a Lei] quando uma pessoa impura entrava em contato com uma pessoa pura, de modo que a pessoa pura se tornava impura. A sujeira moral é contagiosa. [...]
>
> E o que [Jesus] fazia quando via um impuro? Qual era o seu primeiro impulso ao se encontrar com prostitutas e leprosos? Ele corria na direção deles. A piedade enchia o seu coração, um anseio de genuína compaixão. Ele passava tempo com eles. Ele os tocava. Todos nós podemos testemunhar como o tocar é humano. Um abraço caloroso faz mais que apenas palavras calorosas podem fazer. Mas há uma profundidade maior no compassivo toque de Cristo. Ele estava revertendo o sistema judeu. Quando Jesus, o puro, tocava um pecador impuro, Cristo não se tornava impuro. Era o pecador que se tornava puro. O ministério terreno de Jesus Cristo consistia em devolver a pecadores indignos a sua humanidade.[11]

Às Dinás de hoje

Para mim, Gênesis 34 é um dos capítulos de mais difícil compreensão na Bíblia. Na narrativa dessa passagem, vemos o estupro de Diná, filha de Jacó, e a consequente vingança sangrenta que seus irmãos mais velhos, Simeão e Levi, praticam contra o povo daquele que a violentou. Recentemente, enquanto eu lia esse capítulo, percebi que o nome de Deus não é mencionado nem sequer uma vez. No capítulo 33, vemos Jacó sendo reconciliado com Esaú, seu irmão, e estabelecendo um altar que ele chama de *El Elohe Israel*,

[11] Dane Ortlund, *Manso e humilde: O coração de Cristo para quem peca e para quem sofre* (Rio de Janeiro: Thomas Nelson Brasil, 2021), p. 30-31.

reconhecendo que o Senhor era o seu Deus ("Deus é o Deus de Israel"). Já o capítulo posterior, 35, começa com "Deus disse a Jacó". Mas, no capítulo 34, nada. Confesso que isso me levou a refletir: "Onde estava Deus?". Quando Diná foi estuprada, onde estava Deus? Quando seus irmãos se vingaram, assassinando homens que não tinham relação direta com o estupro, onde estava Deus? Quando as mulheres e crianças desses homens assassinados são raptadas pelos filhos de Jacó, onde estava Deus?

Assim como eu, minha irmã, talvez você esteja se perguntando onde estava Deus quando você, ou aquela pessoa a quem ama, foi violentada. Mas eu quero que você olhe para a história de Diná e veja que o Deus que parece ausente ali é o mesmo que, durante toda a narrativa bíblica, nós vemos como amável, misericordioso, paciente e *justo*. É normal sentirmos que Deus não nos vê. Mas nós temos de submeter nossos sentimentos à verdade revelada.

No Salmo 89, encontramos o seguinte verso: "*justiça* e direito são o fundamento do trono [de Deus]" (v. 14, grifos meus). A palavra original em hebraico para justiça é *mishpat*. Na sociedade judaica, a *mishpat* não era algo que acontecia necessariamente de maneira horizontal (como tendemos a esperar), mas de forma vertical. Para eles, a justiça é menos sobre o que é certo e errado, e mais sobre honra e vergonha. Deus declarou que ama *mishpat* (Is 61.8), e Jesus Cristo demonstrou exatamente *mishpat* em relação a todas as mulheres com quem o vemos interagir. Quando Cristo, sendo cheio de honra, estende a mão às mulheres ao seu redor, consideradas desprezadas e cheias de vergonha pela cultura em que viviam, demonstra a *mishpat* encarnada. Jesus retira as mulheres de seu lugar de vergonha e desonra, elevando-as a uma posição de honra e dignidade, restaurando, assim, o valor que o próprio Deus lhes atribuiu desde a gênese dos seres humanos.

Às minhas queridas Dinás, quero declarar com firmeza: sim, Deus está vendo você. Deus escuta você. Deus lhe demonstra *mishpat*, retirando-a do lugar de vergonha e cinzas e elevando-a à posição de filha amada. Deus mostra justiça hoje, e trará verdadeira justiça ao final da História. Minha amada irmã, o Cordeiro de Deus já venceu e não há crime cometido aqui que não venha a encontrar finalmente justiça em sua espada.

O Rei de justiça e sua vitória

Ainda ontem, chorei na minha cozinha, de uma forma quase desesperada, sentindo em mim a dor de pessoas amadas que foram abusadas. Este capítulo não é algo que escrevo do alto de uma torre de marfim, distante do pântano de dor abaixo. Posso não estar exatamente na mesma posição que você, mas compreendo a dor de amar alguém que está nessa posição. Céus, como eu queria que o abuso não fosse uma realidade! Como chorei nos braços do Pai e ainda choro agora enquanto escrevo, desejando que ele pudesse nos tirar deste mundo mau e nos levar apressadamente à sua presença eterna. Como anseio pelo dia em que toda lágrima será enxugada de nossos olhos! E é a essa certeza que me agarro.

Quando eu era mais nova, costumava olhar para o último livro da Bíblia, Apocalipse, como um livro confuso e assustador. É tanta morte, tanta linguagem difícil de entender, tanta maldição… Mas foi apenas recentemente que compreendi que Apocalipse não precisa ser tão confuso. A mensagem final do livro de Deus é clara: o Rei Jesus reina! Não precisamos concordar com a literalidade ou não do livro, se as visões já passaram ou ainda passarão. Mas devemos concordar com aquilo que é certeiro: a vitória final do Cordeiro de Deus. Veja que maravilhosa passagem encontramos nos capítulos finais de Apocalipse:

> Vi os céus abertos e diante de mim um cavalo branco, cujo cavaleiro se chama Fiel e Verdadeiro. Ele julga e guerreia com justiça. Seus olhos são como chamas de fogo, e em sua cabeça há muitas coroas e um nome que só ele conhece, e ninguém mais. Está vestido com um manto tingido de sangue, e o seu nome é Palavra de Deus. Os exércitos dos céus o seguiam, vestidos de linho fino, branco e puro, e montados em cavalos brancos. De sua boca sai uma espada afiada,

com a qual ferirá as nações. "Ele as governará com cetro de ferro." Ele pisa o lagar do vinho do furor da ira do Deus todo-poderoso. Em seu manto e em sua coxa está escrito este nome:

REI DOS REIS E SENHOR DOS SENHORES [...]

O Diabo, que enganava [as nações], foi lançado no lago de fogo que arde com enxofre, onde já haviam sido lançados a besta e o falso profeta. Eles serão atormentados dia e noite, para todo o sempre. [...]

Então vi novos céus e nova terra, pois o primeiro céu e a primeira terra tinham passado; e o mar já não existia. Vi a Cidade Santa, a nova Jerusalém, que descia dos céus, da parte de Deus, preparada como uma noiva adornada para o seu marido. Ouvi uma forte voz que vinha do trono e dizia: "Agora o tabernáculo de Deus está com os homens, com os quais ele viverá. Eles serão os seus povos; o próprio Deus estará com eles e será o seu Deus. Ele enxugará dos seus olhos toda lágrima. Não haverá mais morte, nem tristeza, nem choro, nem dor, pois a antiga ordem já passou".

Aquele que estava assentado no trono disse: "Estou fazendo novas todas as coisas!". E acrescentou: "Escreva isto, pois estas palavras são verdadeiras e dignas de confiança".

Apocalipse 19.11-16; 20.10; 21.1-5

Ao término de minha leitura dessa passagem, vejo-me em lágrimas. Ah, como meu coração dói de antecipação por esse tremendo final da história humana! Jesus Cristo, o Rei dos Reis e o Senhor dos Senhores, como o cavaleiro vitorioso que lançará o diabo no lago de fogo! E, então, estaremos com nosso Amado na nova Jerusalém, onde Deus habitará conosco para todo o sempre.

Querida, perceba o que o apóstolo João, autor de Apocalipse, diz: Jesus *julga* e guerreia *com justiça*. Essa é minha esperança, é a âncora na qual me agarro nos dias mais difíceis e doloridos, nos dias de raiva e ira contra a violência cometida contra aquelas a quem amo, e contra aquelas a quem não conheço — meu Jesus *guerreia com justiça*. Ele guerreia com justiça. Ele guerreia com justiça. Quero que essa repetição encha sua mente, seu coração e sua alma. Veja o que o próprio Cristo, assentado em seu trono santo, diz a João depois de haver recebido a visão do Apocalipse: "Escreva isto, pois estas palavras são verdadeiras e dignas de confiança". Estou chorando de novo... E como não chorar? É como se meu Jesus estivesse ao meu lado sussurrando em meus ouvidos, especialmente para mim, justamente essa promessa. Suas palavras são verdadeiras; não são fábulas nem mentiras. Ele realmente será vitorioso, ele realmente destruirá o diabo e tudo o que ele faz — todo estupro, todo abuso, toda violência, toda agressão, todo assassinato e toda tortura.

Jesus Cristo prometeu que voltará e trará justiça eterna. E a nós, querida irmã, só nos resta declarar entre lágrimas de profunda gratidão, "Amém. Vem, Senhor Jesus!" (Ap 22.20).

Conclusão

O abuso, em suas multifacetadas formas, é uma afronta direta ao caráter de Deus. Por isso, podemos descansar sabendo que, embora muita violência cometida nesta Terra não receba a justiça humana, a justiça divina chegará. Nenhum estupro, assédio, soco, ameaça ou chantagem ficará sem punição. Quando o Rei dos Reis desembainhar sua espada, todo mal cessará. Termino este capítulo com uma bela poesia de C. S. Lewis, extraída de sua obra *As crônicas de Nárnia*:

> O mal será bem quando Aslam chegar,
> Ao seu rugido, a dor fugirá,
> Nos seus dentes, o inverno morrerá,
> Na sua juba, a flor há de voltar.[12]

[12] C. S. Lewis, *O leão, a feiticeira e o guarda-roupa*, in: *As crônicas de Nárnia*, volume único (São Paulo: Martins Fontes, 2011), p. 81.

10

DEUS DE REDENÇÃO E A VERDADEIRA IDENTIDADE DA MULHER

[O Senhor] enviou ao seu povo a redenção;
estabeleceu para sempre a sua aliança;
santo e tremendo é o seu nome.

SALMOS 111.9, ARA

O que significa ser mulher?

Tenho um *post-it* na parede ao lado da minha mesa de trabalho no qual anotei minha missão com este livro que você leu até aqui: "trazer clareza bíblica acerca de quem Deus é e, assim, esclarecer quem nós somos como mulheres". Eu, verdadeiramente, acredito que nossas dificuldades em quantificar e qualificar a feminilidade fluem de uma incompreensão do nosso Criador e, consequentemente, de nossa existência como um todo. Queremos responder à pergunta inicial desta obra e, especificamente, deste capítulo: Quem somos *hoje*?, sem saber quem Deus é, nem compreender realmente de onde viemos e para onde vamos, como mulheres.

E como poderíamos compreender nosso estado atual se não esclarecêssemos nossa gênese e nosso destino final? Os três estados de nossa condição — o passado, o presente e o futuro — são igualmente necessários em nossa busca por responder à questão do que significa ser mulher. Até aqui, estudamos extensivamente, ainda que não exaustivamente, nosso presente — quem nós somos em relação a nossos papéis, nossos relacionamentos e nossa posição social e eclesiástica. Explanamos o suficiente, espero, para ter uma noção básica de nossos valores e papéis na condição de filhas (e não de filhos) de Deus. Mas neste capítulo final eu gostaria de levá-la a ponderar sobre qual foi nosso começo e qual será nosso final, para que, assim, vejamos quão esperançoso foi nosso passado e quão glorioso será nosso futuro; e, acima de tudo, quão redentor é o Deus que segura tanto o passado como o futuro em suas mãos.

O início de tudo

Eu gostaria que você tentasse imaginar a Trindade antes da criação de tudo o que conhecemos. Imagine o Pai, o Filho e o Espírito Santo, três pessoas em um só Deus, existindo de maneira autossuficiente. Imagine esse Deus que já era perfeito em todas as facetas de seu caráter que já estudamos até aqui neste livro — beleza, ira, criatividade, ordem, aliança, vida, labor, misericórdia e justiça. E, imaginando isso, compreenda que a Santíssima Trindade era suficiente em si mesma exatamente assim, sem que nada mais existisse para além dela. Então, imagine que, por causa de seu grande amor, Deus decide criar seres para além de si e colocá-los em um jardim perfeito, para que pudessem desfrutar sua perfeita presença para sempre. Agora, imagine que Deus, sabendo que qualquer ser criado se rebelaria contra o Criador, uma vez que qualquer ser que exista para além de Deus seria imperfeito, planeja um meio de resgatar suas criaturas de si mesmas. Veja o Pai enviando o Filho ao mundo para resgatar os seus; veja o Filho voluntariamente se doando como sacrifício, cumprindo esse plano perfeito de salvação; e, finalmente, veja o Espírito aplicando o plano de salvação, iniciado pelo Pai e cumprido pelo Filho.

Toda a Escritura Sagrada, quando compreendida como uma só história sobre um só Deus, revela o mesmo padrão repetindo-se vez após vez: criação, queda, redenção e restauração. Deus cria; nós caímos. Deus nos redime e, finalmente, todas as coisas são restauradas. A Bíblia não é a história de Adão e Eva, Abraão, Moisés ou Paulo. A Bíblia é a história de Deus. Desde "No princípio criou Deus" (Gn 1.1) até "Amém! Vem, Senhor Jesus!" (Ap 22.20), a Bíblia nunca foi sobre nós. Desde o Cordeiro morto pelo pecado de Adão e Eva (Gn 3.21), passando pelos sacrifícios da lei no deserto (Lv 1—7), até o Cordeiro-Leão do Apocalipse (Ap 5.3-6), toda a narrativa bíblica aponta para um só personagem: Jesus Cristo. Como muito bem disse Sally Lloyd-Jones em relação à Bíblia: "Todas as histórias sussurram seu nome".[1]

Deus é, desde antes da criação do mundo, um Deus que planeja e executa redenção. E o que significa "redenção" senão a libertação de alguém, via pagamento, de algo que o mantém cativo? Quando o Pai envia o Filho ao mundo e eles, juntos, enviam o Espírito, o objetivo é um só: libertar os seus. E de que somos libertos senão da culpa do pecado desde Adão (Rm 5.12); de nossa forma fútil de viver (1Pe 1.18-19); e de todo o mal que assola nosso corpo (Rm 8.23)? Por causa do plano redentor de Deus, nós, que estamos em Cristo, encontramos redenção para o pecado do passado, a futilidade do presente e a esperança de um futuro glorioso.

Um bom início

Nessa história redentora de Deus, a mulher, como já vimos, entra em cena logo após o homem, sendo criada não do pó da terra, como o homem foi, mas da própria carne de seu marido. Um material de criação mais refinado, poderíamos dizer, e significativo — a *isha* [mulher] foi criada do *ish* [homem], derivando dele seu nome. A mulher é criada como a *ezer* do homem, a auxiliadora necessária ao cumprimento da missão dada por Deus a ambos. É preciso refletirmos sobre o fato de que Deus, em sua onipotência, poderia ter criado o homem e a mulher ao mesmo tempo e do mesmo material, mas não o fez. Essa escolha intencional, segundo acredito, foi feita não para demonstrar a inferioridade da mulher, como já defendemos até aqui, mas, sim, para esclarecer e reforçar a diferença entre os sexos.

Em uma sociedade que passou pelo grito pela plena igualdade entre os sexos e, atualmente, grita pela abolição do conceito dos sexos de forma ampla, é vital aos cristãos que compreendam que o homem e a mulher são *diferentes*. Nós fomos criados de materiais diferentes, em

[1] Sally Lloyd-Jones, *Livro de histórias bíblicas de Jesus: Todas as histórias sussurram seu nome* (Rio de Janeiro: CPAD, 2016).

uma ordem diferente. Se passarmos por cima desse fato, correremos o risco de obscurecer o propósito original de Deus como Criador, e é ao fazer isso que encontramos tanta recusa teológica aos diferentes e complementares papéis dos sexos. Se não há significado importante na criação do homem e da mulher, então não há diferenças necessárias, e a mulher pode ir aonde quiser e como quiser. Aqueles que recusam essas diferenças recorrem, então, às palavras de Paulo aos gálatas para declarar que Jesus nivelou o terreno e agora "não há mais [...] homem nem mulher", mas somos todos um em Cristo (Gl 3.28). Esquecem, contudo, que o próprio apóstolo Paulo foi quem citou várias diferenciações eclesiásticas e matrimoniais entre os sexos, usando não argumentos culturais, mas criacionais (1Co 11.8-9; 1Tm 2.13-14). Não, Paulo não estava anulando as diferenças sociais e biológicas entre homens e mulheres em Gálatas 3, mas tão somente confirmando a bela verdade de que, em Cristo, já não há mais barreiras que impeçam qualquer pessoa de tomar assento à mesa da salvação. Percebe a diferença? O argumento paulino diz respeito ao nosso estado espiritual, e não à nossa condição social. Somos todos igualmente pecadores, como ele afirma em Romanos 3, e ainda assim tanto homens como mulheres podem, pela graça, achegar-se a Cristo. A maneira mais clara de confirmar esse argumento é ver os outros exemplos que Paulo traz no mesmo verso: grego *versus* judeu; e escravo *versus* livre. Poderíamos argumentar que, quando se achegam a Cristo, o grego não perde sua cidadania nem o escravo recebe imediata libertação social. Não, mesmo em Cristo permanecemos em nossas diferentes nacionalidades e posições sociais (e, seguindo a lógica desse argumento, em nossos diferentes sexos), mas agora, na família de Deus, somos um só corpo, composto de diferentes membros.

A mulher e o homem são, então, *diferentes* desde a criação, por causa do desígnio proposital de Deus. Essa diferença não altera o valor de cada um, pois o fato de ser criado primeiro não agrega maior valor — se assim fosse, os animais teriam valor superior ao ser humano, o que sabemos não ser verdade. A diferença na criação afeta os papéis de cada sexo dentro da missão de ambos de multiplicar e dominar.

Uma vez que afirmamos que a ordem e o material da criação do homem e da mulher os diferenciam, há algo que os iguale? Creio que sim, e creio ser de suma importância não ignorarmos esse aspecto, a não ser que queiramos cair no outro extremo de uma teologia que situa o homem acima da mulher (o que, infelizmente, ainda hoje, vemos em muitas igrejas).

Apesar de ter vindo *do* homem, a mulher não é criada *à imagem do* homem. Essa distinção é essencial. Quando escolhi o título deste livro, eu o fiz de modo a, propositalmente, levar o leitor e a leitora a pensarem logo de pronto: "*Ela à imagem dele...*? Dele quem?". Confesso que imaginei os narizes torcidos daqueles que possivelmente presumiriam uma obra defendendo a subserviência do feminino ao masculino, em uma infeliz defesa do machismo "cristão" abusivo. Pela graça de Deus, não é essa minha defesa. A mulher foi criada não à imagem do homem, mas, sim, juntamente com o homem, à imagem de Deus. *Imago Dei*, essa é nossa identidade mais essencial, o rótulo que todo ser humano — independentemente de sexo, nacionalidade ou posição social — carrega. E é por causa dessa verdade gravada na primeira mulher, e herdada por toda mulher desde então, que podemos ter certeza de que as diferenças entre os sexos não constituem diferença de valor. Qualquer ser que carrega em si a imagem e a semelhança do próprio Deus tem um valor intrínseco que não pode ser removido nem alterado por ninguém. Da rainha da Inglaterra à mulher cativa no tráfico humano, toda filha de Eva carrega em si aquilo que faz dela valiosa e digna de vida. Da celebridade aclamada à menina que está sendo formada no ventre materno, toda mulher é *imago Dei*, ainda que ela mesma não o saiba ou reconheça.

Esse é o nosso começo, mulheres. Um começo declarado pelo próprio Deus como "muito bom" (Gn 1.31).

Um péssimo meio

Infelizmente, nosso bom início não permaneceu assim por muito tempo. Apenas dois capítulos depois da bela criação da mulher e de seu estabelecimento como *ezer*, vemos aquela que foi chamada "vida" estender suas mãos para a morte. O pecado, então, entra no mundo perfeito de Deus assim que o homem e sua mulher decidem que podem ser donos de si mesmos, felizes sozinhos e independentes do Criador. Ainda que nossa *imago Dei* permaneça inalterada e permaneça como herança de toda filha de Eva, também herdamos sua natureza pecaminosa. Poderia ter sido nosso fim, apenas algumas páginas após o começo, mas Deus é rico em misericórdia. Como já vimos, o protoevangelho é declarado logo após a queda, e a mulher é colocada como um personagem necessário na narrativa redentora: "Porei inimizade entre você [a serpente] e a mulher, entre a sua descendência e o descendente dela; este [o Messias] ferirá a sua cabeça, e você lhe ferirá o calcanhar" (Gn 3.15). Agora, Eva passaria a levar consigo a santa semente da qual o Redentor nasceria, no tempo determinado por Deus. Mesmo em meio ao momento mais triste da História, Deus mostra misericórdia às mulheres, levantando-as da vergonha do pecado e posicionando-as como parte de seu plano redentor.

Após a queda e a expulsão de Adão e Eva do Éden, a bondade de Deus continua a ser vista, ao longo da narrativa do Antigo Testamento, em relação às mulheres. E, apesar do pecado, que, então, passou a habitar todos os seres humanos, pela graça de Deus podemos ler nas Escrituras sobre as notáveis filhas de Eva que marcaram a história de Israel com sua força, coragem, piedade e feminilidade. Mulheres como Miriã, Débora, Rute, Abigail, Jael, Ester, Ana. Havia dignidade em ser mulher e, mesmo em sociedades que ora exaltavam o feminino à posição de deusas, ora o oprimiam como escravas, muitas filhas de Deus em Israel permaneciam firmes em seus espaços, fazendo a diferença nas esferas sobre as quais tinham influência, por vezes alterando por completo o destino de toda uma nação.

Entretanto, quando chegamos à Nova Aliança, especialmente à narrativa dos Evangelhos, encontramos uma sociedade judaica em que as mulheres são injustiçadas, desprezadas e frequentemente oprimidas. O que aconteceu? Como fomos de Miriã, uma líder respeitada pela comunidade, apesar de seu orgulho, à mulher na casa de Simão, julgada por todos por chorar aos pés de Cristo? De Sara, honrada matriarca da aliança, apesar de sua incredulidade, à mulher adúltera, prestes a ser assassinada sozinha por um crime cometido a dois? Por que a honra e a proteção estabelecidas pelo próprio Deus sobre as mulheres na lei parece se haver transformado em opressão legalista no Novo Testamento?[2] Acaso Deus teria mudado? Não, como já afirmamos várias vezes, o Deus da Antiga Aliança é o mesmo Deus da Nova Aliança. O que mudou, na verdade, foi a própria sociedade judaica.

Para compreendermos essa mudança, precisamos lembrar que a página em branco de nossas Bíblias que separa o Antigo Testamento do Novo Testamento, contém quatrocentos anos de História, período chamado pelos teólogos de "intertestamentário". Desde a profecia de Malaquias sobre o Sol da Justiça até o nascimento de Cristo, há quatro séculos não registrados nas Escrituras, anos nos quais a sociedade israelita (ou judaica) continuou existindo e se transformando de acordo com as circunstâncias históricas nas quais estava inserida. Uma dessas circunstâncias foi a ascensão ao poder de Alexandre, o Grande, conquistador grego.

Adepto da filosofia e da religião helenísticas, Alexandre acreditava que era preciso civilizar os povos que ele conquistava, incentivando-os a abraçar sua cultura grega. O helenismo, resumindo de forma simples, se baseia na ideia de que a moral é relativa — se é bom para você, então não é necessário pensar duas vezes se é certo ou errado. Algo muito semelhante aos tempos atuais. No helenismo, o ser humano era considerado a medida de todas as coisas e até mesmo os deuses passam a ter forma humana.[3] Assim, os judeus piedosos, não concordando com essa doutrinação contrária à moral judaica, criaram grupos de defesa de sua religião e de suas leis, e é assim que vemos a origem dos fariseus e dos saduceus descritos nos Evangelhos.

[2] Caso tenha interesse em compreender melhor como a lei endereçava as mulheres, consulte Kathleen Nielson, *O que Deus diz sobre as mulheres: Feminilidade x feminismo* (São José dos Campos, SP: Fiel, 2018).

[3] Ver Kristi McLelland, *Jesus and Women: In the First Century and Now* (Nashville, TN: Lifeway Press, 2020).

Seu objetivo, inicialmente, era preservar o estilo de vida judaico e manter o povo sob a lei de Deus. Entretanto, quando olhamos para os Evangelhos, é justamente esse grupo de religiosos que Jesus, vez após vez, condena por hipocrisia e legalismo. A realidade é que aquilo que teve um início justificável acabou por se tornar uma maneira de manipular a lei, colocando certos homens no poder.

Um desses defensores da lei, chamado Jesus Ben Sira, mostra-se significativo para nosso estudo, pois foi ele quem adicionou à lei de Deus determinados preceitos humanos profundamente sexistas. Ben Sira foi um aristocrata judeu cujos ensinos se haviam tornado influentes entre os israelitas cerca de duzentos anos antes do nascimento de Cristo. Aquilo que Ben Sira dizia era tomado como regra, e suas palavras tiveram impacto não somente durante sua vida, mas também pelos séculos subsequentes, tornando-se parte dos livros chamados deuterocanônicos, ou apócrifos, do Antigo Testamento. Eu gostaria que olhássemos algumas citações diretas do *Livro de Ben Sira*, ou *Eclesiástico*, tendo em mente que esses preceitos eram ensinados nas sinagogas e abraçados por muitos.

> Não te entregues a uma mulher
> para que ela não usurpe tua autoridade. (9.2)
>
> Não há pior veneno pior que o veneno da serpente,
> não há pior cólera que a cólera de mulher. (25.15)
>
> Foi pela mulher que começou o pecado,
> por sua culpa todos morremos. (25.24)
>
> É melhor a malícia do homem do que a bondade da mulher;
> A mulher causa vergonha e censuras. (45.14)[4]

Não é difícil imaginar as ramificações desses ensinamentos na vida prática judaica. Como você acha que as mulheres seriam tratadas se eram vistas como venenosas, fonte de vergonha e reprovação,

[4] *Bíblia de Jerusalem*, nova edição revista e ampliada (São Paulo: Paulus 2002).

sempre prontas a pisar na dignidade de um homem, além de causa de todo pecado e responsáveis pela morte espiritual de todos?[5] Não causa surpresa que, no relato dos Evangelhos, encontremos as mulheres sempre à margem da sociedade, consideradas cidadãs de segunda classe, indignas de serem ensinadas, ouvidas ou notadas. Ainda hoje, há uma oração no costume judaico feita pelos homens diariamente que inclui a seguinte frase: "Bendito sejas, Senhor nosso Deus, Governante do universo, que não me fizeste mulher".[6]

E é nesse cenário influenciado por Ben Sira e em meio a essa visão profundamente negativa das mulheres que o Filho de Deus entra no mundo como um homem.

Um esperançoso meio

Em seu livro *O que Deus diz sobre as mulheres*, Kathleen Nielson, citando Dorothy Sayers, diz: "Talvez não cause admiração que as mulheres tenham estado primeiro no Berço e que tenham sido as últimas a deixar a Cruz. Elas nunca haviam conhecido um homem como este Homem — jamais houve outro igual".[7] Esse Homem Como Nenhum Outro chacoalhou a sociedade judaica e romana de diversas maneiras, uma delas sendo o tratamento que dispensou às mulheres. Não, Jesus de Nazaré não era como Jesus Ben Sira (sim, curiosamente, ele também se chamava Jesus, que era um nome masculino comum naquela sociedade). Na verdade, embora fosse um rabino, Jesus Cristo não assinava embaixo das ideias sexistas que, como vimos, foram difundidas no período intertestamentário e que eram seguidas por seus companheiros de ensino judaico.

[5] Lembre-se de que o apóstolo Paulo, em Romanos 5.12, tira o foco de Eva e diz que, "por um só homem, o pecado entrou no mundo".

[6] Ari Hart, "Should I Thank God for Not Making Me a Woman?", *Huffpost*, 2 de maio de 2013, <https://www.huffpost.com/entry/should-i-thank-god-for-not-making-me-a-woman_b_3197422>.

[7] Nielson, *O que Deus diz sobre as mulheres*, edição eletrônica.

Enquanto Jesus Ben Sira dizia que homens deveriam evitar sentar-se com mulheres, Jesus Cristo, em seu encontro com a mulher samaritana, não somente sentou-se ao seu lado, como também declarou a ela ser o Messias aguardado. Observe que essa foi a primeira vez que Jesus disse a alguém, de forma direta, quem ele realmente era. Cristo poderia ter escolhido um dos Doze, ou até mesmo um importante mestre da lei, para ser o primeiro a ouvir sua declaração messiânica, mas escolheu uma mulher. Ali, nosso Mestre declarou que as mulheres são dignas não somente de receber as boas-novas, como também de as comunicarem como *missionárias* (Jo 4.28-30).

Enquanto Simão, o fariseu, repreendeu Jesus em pensamento por se deixar tocar por uma pecadora em sua casa, o Senhor não somente recebeu essa mulher com graça e a perdoou por seus pecados, como também a usou como exemplo do que era o correto a ser feito, declarando que as mulheres são por ele *aceitas* (Lc 7.36-50).

Enquanto os rabinos ignoravam as mulheres em seus ensinamentos, jamais utilizando-as como personagens de suas histórias e lições, Jesus Cristo usou vários exemplos femininos em suas parábolas, inclusive escolhendo uma viúva para ilustrar a insistência piedosa em oração, declarando que as mulheres são *incluídas* na história de Deus e em seu reino (Lc 18.1-8).

Enquanto as mulheres eram completamente excluídas das conversas teológicas, Jesus declarou a Maria que ela era bem-vinda aos seus pés na condição de discípula (Lc 10.38-42), e discutiu assuntos teológicos profundos com Marta (Jo 11.21-27) e com a mulher samaritana, declarando que as mulheres são bem-vindas à mesa do ensino como *teólogas*.

Esse era Jesus Cristo, o Homem Como Nenhum Outro, um homem que estendia sua mão às mulheres e as elevava de volta à posição original de *imago Dei*, de *ezer*, de jardineiras e rainhas. Como bem disse Sayers, as mulheres foram as últimas a abandonar a Cruz, assistindo, corajosamente, ao espetáculo sangrento que foi a morte de Jesus Cristo, porque ali estava um Homem que as tratava de uma forma diferente, um Homem que lhes oferecia retidão e justiça (Sl 89.14), enxergando-as, elevando-as e ensinando-as. Em sua encarnação,

Jesus Cristo garantiu que as mulheres compreendessem que havia lugar em seu reino, e não somente um lugar no fundo, às escondidas, mas um lugar de valor igual ao dos homens.

Após a morte de Cristo, novamente não é um dos Doze que ele escolhe para declarar as boas-novas da ressurreição, mas, sim, algumas mulheres (Mt 28.7-10), mesmo levando em conta que a sociedade de então não considerava válido o testemunho de uma mulher. Em sua ascensão, Jesus deixa a seus discípulos a Grande Comissão, a qual deveria envolver tanto homens como mulheres, ordenando-os a se multiplicarem em mais discípulos. A expansão do reino, a partir de então, tem as mulheres não como adições dispensáveis, mas como as aliadas necessárias (*ezer*) que foram criadas para ser desde o Éden.

No período da igreja primitiva, pós-ascensão, as mulheres permaneceram nessa posição de igualdade espiritual com os homens. Tanto no relato narrativo-histórico de Atos dos Apóstolos como nos próprios escritos dos apóstolos em formato de cartas, encontramos ecos daquilo que Paulo declarou aos gálatas:

> Todos vocês [incluindo as mulheres] são filhos de Deus mediante a fé em Cristo Jesus, pois os que, em Cristo, foram batizados, de Cristo se revestiram. Não há judeu nem grego, escravo nem livre, *homem nem mulher*; pois todos são um em Cristo Jesus. E, se vocês são de Cristo, são descendência de Abraão e herdeiros [e herdeiras] segundo a promessa.
>
> Gálatas 3.26-29, grifos e adendos meus

Desse modo, apesar de encontrarmos diferenciação de papéis entre os sexos nas epístolas dos apóstolos, como já estudamos, a igualdade espiritual entre homens e mulheres é fato indiscutível.

Assim como as mulheres que caminharam com Jesus Cristo durante sua encarnação e as discípulas que viveram na época da igreja primitiva, nós, mulheres do século 21, vivemos nesse período do "meio esperançoso". Assim como elas, não somos relegadas à exclusão do ensino teológico; ao contrário, somos aceitas e bem-vindas nas conversas espirituais. Jesus Cristo colocou as mulheres de volta ao seu lugar original: nas páginas dos planos de Deus, na mesa da família de Deus, nas ruas do reino de Deus. Esse é nosso campo de atuação no *hoje* que nos foi dado. Sabendo que tivemos um bom começo e que, por causa da graça, encontramo-nos em um meio esperançoso, podemos encontrar nossa missão como mulheres. Ao abraçarmos nossa identidade como filhas de Deus que são aceitas, incluídas, missionárias e teólogas, podemos viver de maneira a glorificar nosso Criador exatamente para aquilo que ele nos criou, sabendo que, mesmo que alguns tentem excluir-nos, o Filho de Deus já nos declarou incluídas. Não há nada que nos impeça.

Um futuro glorioso

Há mais uma declaração que Cristo faz das mulheres, uma declaração sobre nosso futuro, que nos mantém fortes em nossa missão presente. Jesus nos declara parte de sua *Noiva Amada* (Ap 19.6-9). Somos parte da igreja de Cristo, que é composta não somente de homens, ou de seres andróginos ou assexuados, mas de homens *e* mulheres — crianças, jovens, adultos e idosos. Juntos, homens e mulheres formam a geração eleita, o sacerdócio real, a nação santa, o povo exclusivo de Deus (1Pe 2.9) — os futuros cidadãos da mesma cidade, a Nova Jerusalém (Ap 21.2).

É vital à nossa identidade como mulheres compreendermos que somos parte da gloriosa Noiva do Cordeiro, que ouvirá dele um dia, como disse John Piper: "Venha, ó noiva fiel, entre em meus jardins e em meus aposentos e aprenda agora por toda a eternidade do que se tratavam as sombras obscuras dos prazeres terrenos".[8] Por fim, faremos coro, ao lado de nossos irmãos, dizendo em adoração a Deus: "Aleluia!, pois reina o Senhor, o *nosso* Deus, o Todo-poderoso" (Ap 19.6, grifos meus). A revelação de Deus e suas promessas foram entregues não a uma pessoa, nem mesmo a um grupo pequeno e

[8] John Piper, “”Jesus Christ, the Bridegroom, Past and Future”, *Desiring God*, 4 de abril de 2004, <https://www.desiringgod.org/messages/jesus-christ-the-bridegroom-past-and-future>.

isolado de pessoas, mas a uma comunidade de discípulos e discípulas de toda língua, de toda tribo e de toda nação (Ap 5.9). As mulheres não são independentes dos homens, nem eles são independentes delas — nós precisamos uns dos outros. Precisamos ser irmãos e irmãs, uma família de diferentes que foi chamada para adorar ao seu Deus *em conjunto* por toda a eternidade. Nesse futuro glorioso, ambos os sexos terão seus olhos enxugados de toda lágrima e renderão eternos louvores ao Deus que vencerá de uma vez por todas o mal e cessará toda dor, toda doença, todo pecado, todo abuso, todo preconceito, todo machismo, todo feminismo, todo aborto, toda morte.

Conclusão

Amada, nós somos mulheres, e não homens. Somos filhas, e não filhos. Não somos independentes dos homens nem suas adversárias. Somos, assim como eles, missionárias e teólogas, aceitas e incluídas. Somos parte da Noiva do Cordeiro. Em um mundo no qual ser mulher é algo perigoso, difícil e pesado, meu desejo sincero é que consigamos olhar para as páginas das Escrituras e enxergar o Deus que se revela ali como um Criador amável, um Redentor *sempre* favorável às mulheres. Querida irmã, chegamos ao final deste livro, mas não ao final de nossa conversa, espero. Há muito ainda a ser conversado. Há muitas ideias a serem refutadas e muitas verdades a serem redescobertas. Termino estas linhas em lágrimas porque me sinto muito amada. Nosso Senhor Jesus Cristo declarou em alta voz seu amor pelas mulheres, e eu não sei mais silenciar o ecoar desse grito em meu coração, nem ignorar o carimbo de *imago Dei* em meu rosto refletido no espelho. Não consigo evitar bradar àquelas que, como eu, carregam o privilégio de ser mulher, que, de fato, nossa feminilidade não constitui um fardo, mas, sim, asas. É tempo de nos enxergarmos como realmente somos, pela graça — livres para voar.

Voemos, irmãs amadas! Voemos!

AGRADECIMENTOS

Agradeço a meu Deus Pai, Filho e Espírito Santo, pelo chamado, a graça e a capacitação para a escrita deste livro. Obrigada, amado Deus, por falar através de mim e, durante a maior parte do tempo, apesar de mim. Toda honra, toda glória, todo poder e toda majestade sejam a ti somente, hoje e para sempre!

Agradeço a meu marido, Beau Walsh, por acreditar no meu chamado à escrita e ao ensino. Sem seu encorajamento, eu não teria mantido meus olhos fixos no alvo. Obrigada pela liberdade que me deu para ser aquilo que Deus me criou para ser, sem julgamento ou peso.

Agradeço à minha querida filha, Vesper Walsh, pela motivação para aprender cada vez mais sobre o que significa ser uma mulher segundo o coração de Deus. Obrigada por seus abraços e sorrisos, que me alegraram nos dias mais difíceis de escrita e pesquisa. Este livro é para você.

Agradeço aos meus pais, João e Ivani Veríssimo, por desde sempre acreditarem em mim. Agradeço aos meus sogros e à minha cunhada, Bill e Cindi Walsh, e Regan Hjelle, por aceitarem ser entrevistados para esta obra e por conversarem sobre ela comigo praticamente todo domingo.

Agradeço aos meus irmãos na fé de minha amada Rock Hill Community Church, em especial Amy Johnson, Kaley Herman, Jasmine LaBerge e Conner Linde, por seu feedback. Obrigada por serem amigos cujas opiniões e correção sempre levarei em consideração. *Thank you, dear friends.*

Agradeço ao meu amigo Yago Martins, e à sua esposa, Isa, por acreditarem na minha voz e na mensagem que Deus me deu. Obrigada por serem amigos sinceros e amorosos para além das telas.

Agradeço às minhas companheiras de luta na causa do evangelho, a Equipe do Graça em Flor: Ana Carolina Caires, Bruna Oliveira, Carolina Pereira, Érica Veríssimo, Isabella Oliveira, Jaqueline Matias, Luana Lins, Patrícia Guimarães e Victória Lins. Obrigada por ouvirem meus lamentos e me levantarem na fé. Sem vocês, meu ministério não existiria, e eu digo isso sem ressalvas.

Agradeço à minha querida amiga Cecilia Reggiani, da plataforma Benditas Blog. Obrigada por ter sido a primeira a abrir meus olhos para a realidade e os perigos da feminilidade exclusiva. Sem seu paciente e cuidadoso discipular, eu não teria chegado às conclusões que culminaram nesta obra.

Agradeço às amadas irmãs do grupo RELÊ (Reformadas Leem): Ana Rute Cavaco, Ana Paula Nunes, Débora Oliveira, Gabriela Bevenuto, Isa Martins, Ivonete Silva e Norma Braga. Vocês foram meus "universitários" em vários momentos de dúvida. Obrigada por ouvirem meus questionamentos e por sempre me oferecerem seus sábios posicionamentos.

Agradeço às irmãs que leram capítulos avulsos e me deram retornos sábios e necessários: Jacira Monteiro, Noemi Nicoletti, Amanda Durham e Hannah Fordice.

Agradeço a cada seguidor do meu Instagram (@francinevwalsh) que acompanha tanto meus escritos teológicos como minhas caretas e *looks* do dia. Vocês me mantiveram corajosa quando eu quis desistir, e nenhuma de suas palavras de encorajamento foi em vão.

Agradeço às minhas heroínas da fé, vivas ou já com nosso Amado, cujos ensinos e escritos encorajam minha jornada: Elisabeth Elliot, Amy Carmichael, Katie Davis Majors, Nancy Guthrie, Kristi McLelland e Jen Wilkin.

E agradeço, finalmente, a cada pessoa que decidiu adquirir esta obra. Meu desejo profundo é que ela remova os pesos de seus ombros que Jesus nunca quis que ali estivessem. Ele ama muito todos vocês! Mantenham os olhos fixos no Cordeiro, que é digno de todo o nosso sacrifício e de todo o nosso amor.

SOBRE A AUTORA

Francine Veríssimo Walsh é pedagoga, formada pela Universidade Estadual Paulista (Unesp), com especialização em Psicopedagogia Institucional pela Universidade Barão de Mauá. Escreve desde os 9 anos e cria conteúdo na internet desde os 15. Em 2015, fundou seu ministério on-line Graça em Flor, que hoje conta com uma equipe de onze escritoras e professoras da Bíblia, e fornece recursos gratuitos e pagos a milhares de mulheres no Brasil. É autora de *Ela à imagem dele*, *Bem sei que tudo podes* e *Legalistas em recuperação*. Mora em Duluth, no Minnesota, desde que se casou com seu marido, Beau, em 2016. Em 2020, deram boas-vindas à primeira filha, Vesper, com a segunda, Bianca, a caminho.

Compartilhe suas impressões de leitura,
mencionando o título da obra, pelo e-mail
opiniao-do-leitor@mundocristao.com.br
ou por nossas redes sociais

Esta obra foi composta com tipografia Adobe Caslon Pro
e impressa em papel Pólen Natural 70 g/m² na gráfica Imprensa da Fé